省时省力的
二八法则

（意）维弗雷多·帕累托◎著

许庆胜◎编译

2:8
LAW
OF
SAVING
TIME AND POWER

山西出版集团

山西教育出版社

图书在版编目(CIP)数据

省时省力的二八法则/(意)帕累托 著;许庆胜 编译.—太原:山西教育出版社,2010.3

ISBN 978-7-5440-4325-0

Ⅰ.①省… Ⅱ.①帕… ②许… Ⅲ.①管理学—通俗读物 Ⅳ.①F270.3

中国版本图书馆 CIP 数据核字(2010)第 005097 号

出 版 人:荆作栋

责任编辑:杨 文

选题策划:刘 峰

特约编辑:陈俞倩

复 审:李 飞

终 审:刘立平

视觉创意:弘文馆·马顾本

设 计:新兴工作室

印装监制:贾永胜

出版发行:山西出版集团·山西教育出版社

  (电话:0351-4729801) 邮编:030002

印 刷:三河市华晨印务

印 次:2010 年 3 月第 1 版 2010 年 3 月第 1 次印刷

开 本:880×1230 1/32

印 张:7.5

字 数:141 千字

印 数:1—10000 册

书 号:ISBN 978-7-5440-4325-0

定 价:25.80 元

序言

早在 1897 年，一名意大利经济学家在从事经济学研究时，偶然发现 19 世纪英国人的财富和收益模式，他的研究成果就是后来举世闻名的二八法则。而这位著名的经济学家就是帕累托。

虽然帕累托研究二八法则的初衷是应用于商业方面，但后来二八法则却对人们的日常生活起到了神奇的指导力量。二八法则主张：一个较小的诱因、投入或努力，往往可以产生较大的结果、产出或酬劳。几乎在所有的事物上，导致事物的最终结果都可能只归因于少数的原因、投入和努力，而其他大部分的工作只能带来微小的影响。

也就是说，你 80% 成果的取得，是出自 20% 的付出。

当然了，在你第一次了解这个法则时，肯定会条件反射似的用"一分耕耘，一分收获"来反驳，用怀疑甚至气愤的眼光来看待这个新时代的"异端"。但事实是不可否认的，不由你信不信，二八法则都像空气一样客观存在；也不管你有没有意识到它的存在，它都无形地在你的生活中产生这样那样的影响。

但是，让二八法则的精髓渗入简单的事实中，的确是社会工作者的使命，他们有责任让人们理解并接受这样一个真理性的法则。不浪费生命中一分一秒的时间和宝贵的精力，让所有的物质和精神财富最大限度地发挥效用——所以，二八法则实质上是一种效率法则，是商场盈利和生活轻松幸福的杠杆原理。

简而言之，二八法则的核心内容就是"效率"二字。这样一个话题在我们这个社会中是新近提出的，面对这样一个新话题，我们要正视它，并把它运用到现实的生活和工作中，努力实践和提高，充分发挥其功效，为人类造福。

上述文字绝非头脑发热，而是很理智很清醒地将这一科学理论公之于众。大家都知道"效率"的意义就在于人们在更短的时间里创造更多的财富。只要我们发挥才智和奋斗精神，就可以做到"一分耕耘，多分收获"。时代的变化日新月异，我们的思想也要跟上潮流才不会落伍。

本书以二八法则为主题，完整地讨论了二八法则，所谈论的内容涉及生活的方方面面。相信本书可以让你的生活和事业有一个全新的开始。

目录

下篇 | 个人幸福的二八法则

工作的二八法则

人际交往的二八法则

打破常规的二八法则

在因和果、努力和收获之间，普遍存在着不平衡关系。如果找出关键的 20%，然后善用这 20%，就能少做多赚。

——二八法则专家理查德·科克

资源总是会自我调整，以求效益的最大化。二八法则提倡将更多的力气花在关键的 20% 上，以产生更大的成效。

——哈佛大学教授吉普夫

支配世界的二八法则

一个经济学家的神奇发现

1897年，意大利经济学家帕累托（1848—1923）偶然注意到英国人的财富和收益模式，于是潜心研究这一模式，并于后来提出了著名的二八法则。

帕累托研究发现，社会上的大部分财富被少数人占有了，而且这一部分人口占总人口的比例，与这些人所拥有的财富数量，具有极不平衡的关系。帕累托还发现，这种不平衡的模式会重复出现，而且也是可以提前预测的。

于是，帕累托从大量具体的事实中归纳出一个简单而让人不可思议的结论：

如果社会上20%的人占有社会80%的财富，那么可以推测，10%的人占有了65%的财富，而5%的人则占有了社会50%的财富。

这样，我们可以得到一个让很多人不愿意看到的结论：一般情况下，我们付出的80％的努力，也就是绝大部分的努力，都没有创造收益和效果，或者是没有直接创造收益和效果。而我们80％的收获却仅仅来源于20％的努力，其他80％的付出只带来20％的成果。

很明显，二八法则向人们揭示了这样一个真理，即投入与产出、努力与收获、原因和结果之间，普遍存在着不平衡关系。小部分的努力，可以获得大的收获；起关键作用的小部分，通常就能主宰整个组织的产出、盈亏和成败。

通过这一法则我们还可以得到很多结论：地球上大约有80％的资源是被世界上15％的人消耗掉的；在公司的客户中，为公司创造80％收益的客户实际上只占所有客户的20％；而在企业中，20％的员工为企业创造了80％的收益。

而在生活中，80％的交通事故是被那些20％的违规驾驶者造成的；家里的地毯有20％遭受了80％程度的磨损；你挑选有衣服20％的时间占据了你全部生活时间的80％；你的电脑80％的故障是由20％的原因导致的；你一生使用的80％的文句是用字典里20％的字组成的。而在考试中，20％的知识能为你带来80％的分数。同样的道理，你20％的朋友，占据了你80％与朋友见面的时间……

由此可见，二八法则无处不在、无时不有，它就像人的影子，潜伏在生活的每个角落。

二八法则，又称做帕累托法则、帕累托定律、二八定律、最省力法则和不平衡原则。以上这些名称，在本书中一律称为二八法则。

不断为现实所印证的法则

当今世界是一个人类在信息和财富的占有分配上绝对不平衡的世界，它发展的现状和未来都将受到二八法则的影响。

二八法则无形中潜移默化地决定了现代世界的发展变化。但是，它还没有被人们应用于日常生活、组织、团体以及社会生活中，因为人们对它的了解还太少。

这条法则能促进企业提高效率，增加收益；能帮助个人和企业以最短的时间获得最多的利润；能让每个人的生活更有效率、更快乐；它还是企业降低服务成本、提升服务质量的关键……

总之，二八法则能促进人类社会的全面进步，无论是对企业家、商人，还是电脑爱好者、技术工程师和其他任何人，其意义都至关重要……

你可能还是对二八法则持怀疑态度，不相信它有这等魔力，但事实就是这样。

二八法则为什么会这么重要呢？它为什么可以应用到我们的生活、交际和工作中呢？

二八法则之所以有这样神奇的力量，关键在于它把着眼点放在关键的少数部分上。二八法则告诉我们首先要对影响个人、企业和其他机构的资源做科学合理的评估，把每一项资源都用在刀刃上，让它最充分、最有效地发挥自己的作用，同时剔除那些会带来消极作用的资源，增加那些能够创造价值的资源。

例如，如果对所有商品进行分析，你就会发现，80％的利润实际上是被只有20％的商品创造的。那么，你的主要精力就应该投注在那20％的商品上。这样做，虽然在关键的商品上投入了大量的精力，但比起把全部精力平均分配给所有的商品上要有效得多。

二八法则主要的作用是要人们放弃那些"表现一般或不好"的、只能带来20％产出的80％的投入。例如，把更多的时间用于对自己更有价值的人身上；改善或舍弃那些你认为没有任何意义的休闲活动而寻找更大的乐趣；停止生产那些利润微薄或不赢利的产品。

无数的事实说明，日常生活中的浪费现象不胜枚举。如果把二八法则运用于这些大量的浪费现象上，人类就可以将这种浪费现象大为改观。

可以肯定地说，二八法则是社会进步和生活幸福最重要的秘密武器，它将越来越大地影响着整个世界。

理查德·科克的预言

研究二八法则的专家理查德·科克认为：凡是洞悉了二八法则的人，都会从中受益匪浅，有的甚至会因此改变命运。

理查德·科克在牛津大学读书时，学兄告诉他千万不要上课："要尽可能做得快，没有必要把一本书从头到尾全部读完，除非你是为了享受读书本身的乐趣。在你读书时，应该领悟这本书的精髓，这比读完整本书有价值得多。"这位学兄想表达的意思实际上是：一本书80%的价值，已经在20%的页数中就已经阐明了，所以只要看完整部书的20%就可以了。

理查德·科克很喜欢这种学习的方法，而且以后一直沿用它。牛津并没有一个连续的评分系统，课程结束时的期末考试就足以裁定一个学生在学校的成绩。他发现，如果分析了过去的考试试题，把所学到知识的20%，甚至更少的与课程有关的知识准备充分，就有把握回答好试卷中80%的题目。这就是为什么专精于一小部分内容的学生，可以给主考人留下深刻的印象，而那些什么都知道一点但没有一门精通的学生却不尽考官之意。这项心得让他并没有披星戴月终日辛苦地学习，但他依然取得了很好的成绩。

理查德·科克到壳牌石油公司工作后，在可怕的炼油厂内服务。他很快就意识到，像他这种既年轻又没有什么经验的人，最好的工作也许是咨询业。所以，他去了费城，并且比较轻松地获取了Wharton工商管理的硕士学位，随后加盟一家顶尖的美国咨询公司。上班的第一天，他领到的薪水是在壳牌石油公司的4倍。

就在这里，理查德·科克发现了许多二八法则的实例。咨询公司80%的成长，几乎全部来自专业人员不到20%的公司。而80%的快速升职也只有在小公司里才有——有没有才能根本不是主要的问题。

当他离开第一家咨询公司，跳槽到第二家的时候，他惊奇地发现，新同事比以前公司的同事更有效率。

怎么会出现这样的现象呢？新同事并没有更卖力地工作，但他们在两个主要方面充分利用了二八法则。首先，他们明白，80％的利润是由20％的客户带来的，这条规律对大部分公司来说都行之有效。而这样一个规律意味着两个重大信息：关注大客户和长期客户。大客户所给的任务大，这表示你更有机会运用更年轻的咨询人员；长期客户的关系造就了依赖性，因为如果他们要是换了另外一家咨询公司，就会增加成本，而且长期客户通常不在意价钱问题。

对大部分的咨询公司而言，争取新客户是重点工作。但在他的新公司里，尽可能与现有的大客户维持长久关系才是明智之举。

不久后，理查德·科克确信，对于咨询师和他们的客户来说，努力和报酬之间也没有什么关系，即使有也是微不足道的。聪明人应该看重结果，而不是一味地努力。依照一些解释真理的见解做事，而不是像头老黄牛单纯地低头向前。相反，仅仅凭着脑子聪明和做事努力，不见得就能取得顶尖的成就。

当时，咨询公司有好几百正式员工，公司合伙人大约有30个，但公司30％的利润流向了个别人——也就是公司的创立者。其实，创立者只占合伙人的4％。

理查德·科克和其他两位合伙人决定打破这种局面，于是，他们开设了自己的公司，用同样的道理来赚钱。他们的公司渐渐成长，拥有了上百个咨询人员。他们3人尽管为自己的公司做了不到20％的努力，却享受了超过80％的利润。

6年后理查德·科克辞职了，把自己的股份卖给其他合伙人，再用收入的20％投资在一家名为"飞罗传真"的公司上。

其后，理查德·科克又做了另两项大投资：一是刚成立的贝尔戈连锁店；另一个是MSI。这三项投资大约占他总财产的20％，但是它们带来的好处超过后来投资所得的80％。

从长期的投资组合所得的财富中，80％的财富来自20％的投资。选择这20％的投资是至关重要的，一旦选定之后，就要尽可能多地关注它们。

传统的智慧教你不要把所有的鸡蛋放在同一个篮子里，可是二八法则却要你小心选定一个篮子，将你所有的鸡蛋放进去，然后像老鹰一样盯紧它。

受某些因素的驱使，人们总是倾向于购买"名牌"或者自己熟悉的商品，所以这就决定了20％，甚至少于20％的厂商，获取了市场80％的利润。

依据二八法则，那些技术先进、规模较大的厂商，看起来可以为顾客提供更物美价廉的产品，按照经济学家的理论，他们获得的利润是占市场大多数份额的，但实际上他们获得的利润却比小供应商还低。在经济学家眼中，这种现象是不符合规律，不应该出现的。但在我们的生活中，这种情形却随处可见。显然，这种不平衡违背了经济学家的完全竞争模式。

为了能分到一小块市场蛋糕，所有的生产商都会力求改革，避免自己被"大鱼"吃掉。可是如果了解二八法则，根据不同类型的顾客提供相应的产品或服务，那就可能得到或者逐渐扩展更多属于自己的"市场空间"。那些以最少资金和人力投入，获得最大利润的公司，往往能在竞争中脱颖而出，并扩大在细分市场中的占有率。它们可能是一家有较大规模的公司，或该细分市场里唯一的专业公司，也可能是该产业的全才型公司，他们的胜出，就是因为他们在该领域做得比其他公司好。

从以上分析可以得知，大公司拥有属于自己的"市场空间"，在这个"市场空间"中，他们可能会获得很大的利润，但在其他细分市场中获得的利润可能会少得多，甚至出现亏损的局面。

揭开二八法则的神秘面纱

概率理论告诉我们：所有二八法则的应用不可能都是随机发生的，应该有一些深奥的含意或原因隐藏于二八法则背后。

为此，帕累托陷入苦思，想找出一套方法来研究二八法则影响的社会。他试图寻找一个"能反映出从经验观察中所得的事实"的理论，希望能找到有规律的模式、社会规范或"一致性"，用以解释个人和团体的行为。

但帕累托最终还是没有找到具有说服力的关键点，他没来得及知道物理学提出的混沌理论就辞世了，而混沌理论却与二八法则有相似之处，且有助于解释二八法则。

20 世纪最后的 30 年发生了一场革命，改变了科学家对宇宙的观察，推翻了过去 350 多年来所盛行的见解。

过去的宇宙理论盛行以机械为基础的理性看法，而这种理性看法，是自中古世纪以来主宰了人类对世界采取神秘和随机看法的一大跃进。以机械为基础的看法改变了古代对神的见解，以前把神当作一种非理性且不可预知的力量，机械时代则视神为较友善的时间工程师。

这样的世界观自 20 世纪 70 年代盛行至今，只有高层的科学圈不接受，但一般人都觉得它让人安心。而且它也被感觉似乎很有用：所有的现象变为有规则且可预测的线性关系。比如 a 导致 b，b 导致 c，因此 a + c 导致 d。在这种世界观中，宇宙的任何一个细部，例如人类的心脏手术或任何一个市场，都能拿来独立分析，因为整体乃是所有细部的总和。

但是在 20 世纪后半叶，更正确的看法似乎是把世界看成一个正在演化的有机体。一个系统并不是所有零件的总和，而零件与系统之间的关系也不是单纯的线性关系，很难确定什么是造成事物的原因，因为各个原因之间往往有着复杂的相关性，而何者为因何者为果，又不是泾渭分明的。

直线思考方式的缺点是它不能永远成立，它把真实现象过度简化了。平衡是一种幻象，即使出现也稍纵即逝，而宇宙是不稳定的。

混沌理论尽管名称中有混沌二字，但它并不是指一切事物都是无希望或不能理解的。它指的是，在紊乱背后自有一个逻辑，一个可预测的非线性关系。这个可预测的非线性关系，是经济学者保罗·克鲁格曼描述为"神秘""怪诞"和"精确得可怕"的东西。虽然逻辑的发现没那么难，但要描述可就不容易了，而且与音乐里的主题再现有相似之处。某些具有特色的模式会重复出现，但它有无限的种类，而且是不可预知的。

混沌理论及相关的科学观念，与二八法则有何关系？管理咨询专家理查得·科克将这两种理论串在一起，进行分析，试图找出二八法则更深层次的理论基础。

——不平衡

混沌理论和二八法则之间的共同点，是平衡的问题——更精确地说，是不平衡关系的问题，混沌理论或二八法则都（以许多实证为根据）主张，宇宙处于一个不平衡的状态，世界不是线性的，因果关系很少是对等联结的。而两者也都强调内在秩序的存在，有些力量总是强过其他力量，而且想要掌握它们分外的资源或能量。经由长时间追踪不平衡现象的发展，混沌理论有助于解释为什么会发生不平衡，以及它如何发生。

——宇宙是一条直线

二八法则和混沌理论一样，是一种非线性的概念。很多事情并不重要，可以不予理会。然而总是有股力量具有料想不到的影响力，这几股力量必须马上辨认出来加以注意。如果它们从事的是有益的活动，我们就该让它们的数量增加；如果它们是有害的，我们则必须小心思考，如何把它们去除。

任何系统都可以做一个二八法则的非线性测试：我们可

以问，20％的原因导致了80％的结果吗？80％的现象，真的仅与20％的原因有关吗？这是清除非线性关系的好方法，而它更有助于引导我们辨认出那些运作中的异常力量。

——反馈回路扭曲且干扰平衡

二八法则符合混沌理论所确认的反馈回路 (feedback loop) 关系。比方说，一开始只有一股很小影响的力量，它将可能加大，并产生预料外的结果，而这些可以由反推的方式来解释。如果没有反馈回路，现象的自然分布将会是 50/50——因为某些固定的频率的投入会导致同量的结果。但由于有正负反馈的回路，所以各个原因不会产生相同的结果。然而，强力的正反馈回路似乎只对少数的投入有影响。这道理可以解释，为什么少数的投入能发挥极大的影响力。

我们可在许多事情上看到真正的反馈回路关系，足以解释为何我们最后通常得到二八而非五五的分布，比如说，有钱人愈来愈有钱，并非只因为（或主要因为）他们拥有卓越的能力，而是因为财富可以招致财富。池塘里的金鱼也是这样。即使金鱼一开始几乎是相同的大小，但那些略微大一些的金鱼会变成比原来大很多，因为它一开始时拥有比较有力的推进力和比较大而有力的嘴，这稍微的优势，使它们能够获取和吞下别的金鱼更多的食物。

——临界点

临界点的观念与反馈回路的概念有关。有一股新的力量，不管它是新产品、疾病、新摇滚乐团，或是一项新的社会习惯如慢跑或溜冰等，在到达某一个点之前，总是很难有所进展，很多的努力只产生一点点效果。此时，许多尝试打先锋的人可能会放弃。但是如果新的力量能坚持下去，并且越过某个肉眼无法看见的线，那么一小笔额外的努力就能获得丰硕的回报。这条肉眼无法看见的线，就是临界点。

这个观念来自流行性疾病的理论。在流行病学里，临界点指的是"平常且稳定的现象，如初期的流行性感冒，爆发成公共卫生危机的时刻"，因为被感染者也会传染给别人。由于传染病的行为是非线性的，而且不以我们预期的模式来运作，所以"小小的改变，如把新的感染人数从 4 万下降到 3 万，就能产生极大的效果。……注视改变在何时发生，如何发生"。

——先来先享受

混沌理论主张"敏感依赖于初始条件"，这是说，刚开始时所发生的事，即使乍看是微不足道的，都可能产生大得不成比例的结果，这一方面呼应了二八法则，一方面也对它做了解释。

二八法则有一个局限，那就是它像照相一样，表现出某一时刻当时的真实（严格说来，是拍下快照后的最近的过去）。在这个局限上，混沌理论所说的"敏感依赖于初始的条件"能提供帮助：一开始小小的领先，能变成比较大幅的领先，日后达到优势位置；而后平衡再一次被干扰，另外一个微小的力量又开始发挥巨大的影响力。

一个公司，若在市场早期就能提供比对手优良 10% 的产品，则可能得到100％或200％的市场占有率，即使对手后来提供了更好的产品。如果一开始，51％的驾驶人或国家决定靠道路右边而非左边行驶，这便会成为几乎100％的驾驶人的规范，早期的圆形时钟，如果51％是绕着我们现在所谓的顺时针方向走，而非逆时针方向，这方式就会变成约定俗成的习惯，而其实时钟"逆时针方向"运行也是合乎逻辑的。事实上，佛罗伦萨大教堂的时钟，在初设计时是以逆时针方向走，并显示出24小时的，但在1442年之后，大教堂建好时，当权者和钟匠已经以12小时，顺时针方向的时钟作为标准，因为那时大多数时钟是这样走的。然而，如果51％的时钟都和佛罗伦萨大教堂上的时钟一样，那么现在我们所用的时钟，就会是走24小时逆时针的方向。

这些关于初始状况的观察，并不能完全说明二八法则。因为这些例子是随时间而改变的，而二八法则却是在任何时刻下对于原因的一个静态分析。不过，两者之间有一个重要的联结：都有助于显示宇宙如何厌恶平衡。在前面的例子中，我们从竞争现象中看到，两者都很自然地偏离50/50的现象。51/49的分割并不稳定，并且容易导向95/5，99/1甚至100/0的分割。保持平衡，一直到优势出现——这是混沌理论的信息之一。

二八法则所要说的与混沌理论虽不同，却相辅相成。它告诉了我们，在任何一刻，任何占多数的现象都会受到因素或角色的影响；80％的结果来自20％的原因。有一些事很重要，其他大多数的事并不重要。

最省力法则和关键的少数

数以千计的二八法则例子在我们周围发生，每一则事例，都给我们增添一份信心——相信它能带来成长的进步，也相信人类有能力去改善自己的命运和生存环境。

约瑟夫·福特说过："上帝和整个宇宙玩骰子，但是这些骰子是被动了手脚的。我们的主要目的是要去了解，它是用什么手法被动的手脚，我们又应如何使用这些手法，以达到自己的目的。"

尽管帕累托首先发现了二八法则，并且深知其发现的重要性，但是由于阐释说明水平的局限性，使这一法则的重要性在当时并没有充分显现出来（他后来做了许多有趣但杂乱无章的社会学研究，转以精英分子的角色为研究中心，在他晚年被墨索里尼的法西斯剽窃）。尽管当时也有其他的一些经济学者，特别是美国学者意识到它的重要性，但直到第二次世界大战之后，才有两位实力相当但截然不同的先驱者开始运用二八法则，引起了世界轰动。

1949：吉普夫的最省力法则

吉普夫是哈佛大学的语言教授。1949 年，吉普夫发现"最省力法则"。从某种意义上讲，"最省力法则"实际上是对帕累托法则的重新发现与阐释。吉普夫法则认为：资源（人、货物、时间、技能，或任何有生产力的东西）总是会自我调整，以求将工作量减少，而大约 20% ~ 30% 的资源，与70%～80%的资源活动有关。

吉普夫教授利用人口统计、书籍、文献与工业行为，来说明这种一致且重复出现的不平衡现象。举例来说，他分析了1931年费城20个街区内发出的结婚证书，发现其中70%的婚姻，产生于该区域中30%的人身上。

附带一提，吉普夫也用另一个法则为散乱的书桌提供了一个科学的理由："使用频率较高的东西比较靠近我们。而聪明的秘书早就知道，常用的档案不必归档！"

1951：朱伦的关键少数规则与日本的兴趣

二八法则的另一位先驱是伟大的质量导师，他就是罗马尼亚裔的美国工程师朱伦，他生于1904年，是20世纪50年代至90年代质量革命的幕后功臣，在他口中二八法则有时叫作"帕累托法则"，有时叫"关键少数规则"，成为追求产品品质的同义词。

朱伦在1924年加入西屋电器，是贝尔电话公司负责制造的分部。他担任公司的工业工程师，并且通过自己的研究和分析，发现了产品品质中所隐含的二八法则。

在他的工作过程中，他广泛使用了二八法则，辅以其他的统计方法，用以根除了品质上的毛病，提升了产业与生活消费品的可靠度与价值。朱伦的《质量管理手册》一书在1951年出版，这是一本划时代的著作，在书中他大大颂扬了二八法则：

"经济学者帕累托发现，财富分配也是不均的（与朱伦观察的品质缺失一样）。这在其他的许多例证中也可以找到：犯罪行为在犯罪分子身上的分布，意外事件在危险过程中的分布等等。帕累托的不均等分布法则，也能解释财富分配与品质不良的分布。"

但在当时，美国大部分的企业家都对朱伦的理论缺乏兴趣。1953 年，朱伦应邀前往日本演讲，获得了热烈的反响。于是他留在日本，与几家日本公司合作，并将其理论应用到生活消费品的价值与品质的提高上。1970 年后，日本经济迅速起飞，美国经济感受到威胁，朱伦才受到西方的尊重。他重回美国怀抱，并为美国工业做了他为日本人所进行过的改革。

在朱伦的倡导和实践下，二八法则成为全球品质革命的中心思想。

二八法则的三大假设

运用二八法则有其严格的前提假设，离开这些假设来谈论该方法的普遍适用性，无疑会导出十分荒谬的结论。

第一个假设是具备事前判断关键与非关键事务的各种信息，否则就无法判断关键少数与一般多数。对于这一关于信息可获性的假设，实际上是有疑问的。由于"二八法则"常常出现在复杂系统中，受到复杂多因素的作用，会出现诸如混沌理论所说的"蝴蝶效应"等情况。如果无法事先确定哪些是少数关键因素，人们也就不可能提出对策。

第二个假设是，所找到的关键事务或环节是可调控的，即二八法则所涉及的关键因素是人类群体理性选择的结果，它是一种人类决策可改变、可利用的规律。否则，如果找出的关键因素不是管理者及企业力所能及的，硬要试图违背理性去加以改变，这正如头撞南墙、鸡蛋碰石头。从这个角度上看，除非管理环境在其存在方式、发展趋势、运行模式、因果关系等方面具有一定的可预见、可操作特性，否则二八法则就只有解释，而不具有预测性，对管理者来说等于无效。

第三个假设是，少数关键要素与多数一般要素这两者之间独立不相关。事实上，在管理系统中，关键少数与一般多数之间存在着双向互动关系。因此，对有机系统进行肢解的办法来获得所谓的关键因素，而把其余的部分均归为所谓的一般因素，这种方法非常荒谬。应该看到，伴随着肢解的进行，管理系统中原有因素的关键、非关键性质必将发生变化，这会破坏"二八法则"所说的努力与结果不平衡规律。更何况，如果结果不平衡是一种不可改变的状态，那就不可能通过抓重点式的人为努力而使其变成平衡。

在以上三个假设不符合的情形中，如果盲目使用法则，试图据此调整工作重点，实现提高管理效率与效益的目的，其最终结果完全有可能掉进管理者自掘坟墓的陷阱中。

一种独到的分析方法

司空见惯的观念

在人们的潜意识当中，对二八法则是抵制的。从心理学的角度来看，二八法则是与人们的认知背道而驰的，不符合对事物的一般判断。人们的习惯认为是：

——所有的顾客都是上帝，所以我们要一视同仁；

——我们应该悉心对待每一个来访的电话和咨询者；

——生活中的每一天都同样重要；

——企业制造的每一个产品和利润都一样好；

——公司内的所有员工都具有同样的重要性，发挥同样的价值作用。

......

人们的认识常常是片面而稳定的，认为什么样的原因导致什么样的结果，这些都是一一对应，绝对平等的，就好像

50％的原因和投入，会带来等额的价值和产出。

我们不可否认情况有时候的确如此。但正是人们这种根深蒂固的观念，阻碍了事业和生活的步伐，遮住了迅速达到成功的道路。

生活中，当我们回头看看曾经发生的事情时，往往会很震惊它的不平衡性，因为当我们透过事物的表象，深入剖析事物的真实关系时，很可能会出现一种不平衡的模式。这种不平衡也许是 68/32，85/15，80/20，70/30 或 99/1，也许是其他任何一种组合。

但不管是哪种程度的不平衡，都会让我们感到困惑和不知所措。

假如你是一名教师，你就会知道，违反校规次数最多的学生是极少数学生，你只要进行仔细统计并分析，你会为这其中的不平衡性甚感不可思议。假如你是一名企业管理者，也明白某些顾客和产品比其他顾客和产品带来的利润多，但你仔细核算其中的差异，结果会让你自己都难以相信。我们都有感觉，虽然朋友不少，但有的朋友相对重要，如果我们经过仔细权衡和评估，这其中的差异会让我们嘘叹不已。

最明显的例子就是，在这个世界上，总是强者占少数，弱者占多数，这种不平衡状态其实在我们生活中广泛存在。好像就是这些不平衡的事物推进了历史车轮滚滚向前，这种不平衡虽然是自然现象，但并不是所有的自然现象都合情合理。

二八法则就是为我们平日司空见惯的思想敲警钟，让我们对这些不平衡思想引起足够的重视，二八法则提醒我们应该重视这些不平衡的存在，打破那些束缚我们的常规认识，从而提高生活和工作效率。

二八分析法和思考法

二八法则主张，在任何事物上，主要的结果通常归因于少数的原因、投入和努力，其他大部分的力气，只能带来微小的影响。

因与果、投入与产出或努力与报酬之间的关系，往往是不平衡的。如何理解不平衡，进而善用不平衡，使之带来正面的效用呢？

二八法则提出独特的思考方向与分析方法，让你确认不平衡，并针对问题采取行动。

那么，二八法则究竟能做些什么呢？

凡是认真看待二八法则的人，都会从中得到有用的认识，有时甚至因而改变一生的命运。每个人都可以总结出一套自己的使用方法，只要你从创意的角度来观察，这个法则永远都存在。

人们很容易接受二八法则的观念，但是常常不知道如何运用它。有两种从二八法则衍生的好方法，即"二八分析法"和"二八思考法"。

二八分析法是以系统的、量化的方法来分析因果。传统情况下，运用二八法则，需要先以二八分析法做分析，这是一种以量化方式对原因、投入、努力以及结果、产出、报酬等勾画出一个精确关系的方法。二八分析法先假设有二八关系存在，然后搜集事实，而后显示出真正的关系。这是一项实证程序，可能导出各种结果，50/50—99.9/0.1 都有可能。如果在投入和产出之间，确实有一种不平衡的关系，才会采取行动。

二八思考法则比较宽广，是一种较不准确而属于直觉式的程序，包含诸多我们的思维方式和习惯，而正是这些思维方式和习惯，使得我们设定了哪些东西是造成生活中重要事物的重要原因。二八思考法让我们能辨认出这些原因，并借以重新运用资源进而改善问题。

这种方法是要你深入思考你视为重要的人物和事情，并且做出判断，二八法则是否在此领域有效。然后你就能依自己的判断而采取行动。二八思考法不要求你搜集资料，也不必真的去测试人的假设能否成立。因此，二八思考法有时候可能会产生误导——比方说，假如你辨认出一种关系了，便以为自己已经知道这主要的 20% 是什么，这样是相当危险的。但是，传统的思考方法更容易误导你。二八思考法比二八分析法好用，而且速度更快。不过，在你对估计有疑虑时，二八分析法比较派得上用场。我们先看二八分析法，接着再检视二八思考法。

分析法和思考法分别在不同的领域中得以运用，比如在该书的第二篇的企业经营管理过程以及投资理财实践，实证的分析法能够得到很好的应用。许多方法经过考验与测试，极富有价值，凡是想追求大幅提升获利的人，不管小公司或大企业，都应该加以应用。

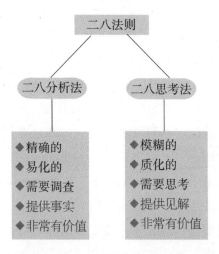

而二八思考法则对于提高个人生活品质大有裨益。这一种全新的尝试，可能不尽完美，却能够给人们带来令人惊讶的领悟。比如说，一个人生命中的快乐或成就，其80％的是发生在生命中很短的时期里。个人价值的高峰通常会被人大大地延伸。一般人说时间不够用。但是，运用二八法则所得的结论恰恰相反，实际上我们是时间太多，而且浪费了时间。

二八分析法可以检视两组资料的关系。其中一组资料是一群人或物，可以转成百分比的数目，大都达到或超过100。另一组资料与一些人或物的特色有关，这些人或物皆可测量，并能转成百分比。

与一般通用的统计方法不同，二八分析法有独特之处：即它依重要程度来排列资料，并比较两组资料的百分比。

二八分析法极为有用，但大部分人并非天生就是分析家，而就算是分析家，也不可能每做一个决定时就去分析资料——这必然会把生活弄得一团糟，大部分的重要决策都不是以分析方法决定的，无论电脑变得多聪明。因此，如果我们需要用二八法则作为日常生活的导师，我们需要的不是分析，而是立即可用的方法，这时我们需要二八思考法。

我们所说的二八思考法，是将二八法则用于日常生活的非量化应用。二八思考法和二八分析法一样，我们一开始先假设，在投入和产出之间有一个不平衡的关系。但是，我们不需搜集资料来分析这个关系，而是大略估计它。二八思考法要我们找真正重要的少数事物，同时忽视不重要的事物，这可经由练习而做到。二八思考法要我们见树又见林。

使用二八思考法，不能因资料完整、分析完善就被限制住。从数字产生若干见解，必也有来自直觉和印象的见解。这就是为什么，就算二八思考法有资料为辅，我们也绝不能被它限制。

为了使用二八思考法，我们必须经常问自己："是什么因素让20%的原因产生80%的结果？"我们绝不能以为自己已经知道答案，而必须要花一点时间，去做创意的思考。什么是少数的重要因素，什么又是无关紧要的多数呢？背景的噪音，是不是掩盖了什么动听的旋律？

运用二八思考法后，得到结果也是：想要有效改变行为，就得关注最重要的20%的因素，当结果倍增时，你就知道是二八思考法发挥了效用。二八思考法给我们的不只是事半功倍。

运用二八法则时，请不要假设结果的好坏，或者认为，我们所观察到的某种强大力量必然是好的。我们从自己的观点来决定它们是否有用，然后判断，究竟是要推动某些有力的少数朝正确方向前进，或者应想法子阻断它们的作用。

分析法和思考法是二八法则衍生出来最有效的两种方法，具有一定的实践意义。

没有任何一种活动不受二八法则的影响。大部分使用二八法则的人，都像寓言故事里的盲人摸象，只知其局部的力量与运用范围，若想成为二八法则的思想家，你需要积极参与，并加上创造力。如果你想从二八思考法获得好处，你必须用它！

人生智慧的凝练

二八法则反映的不仅是一种客观事实，也就是宇宙状态的不平衡性，更浓缩了一种人生智慧，无时无处不给芸芸众生以深刻的思想启发。

如果你想取得人生的辉煌和事业的成就，就必须遵守这样的规则：

——奖励特殊表现，而非赞美全面的平均努力。

——寻求捷径，而非全程参与。

——练习用最少的努力去控制生活。

——选择性寻找，而非巨细无遗地观察。

——在几件事情上追求卓越，不必事事都有好表现。

——在日常生活中，找人来负责一些事务，而且不是为了节税（我们可以运用园艺师、汽车工人、装潢师和其他专业人士来发挥最大效益，不需事必躬亲）。

——小心选择事业和雇工，如果可能，就自己当老板。

——只做我们最能胜任，且最能从中得到乐趣的事。

——从生活的深层去探索，找出有无可笑或怪的事物。

——在各重要的方面，找出那些关键的20％能得到80％的好处。

——平静，少做一些，锁定少数能以二八法则完成的目标，不必苦苦追求所有机会。

——当我们处于创造力巅峰，幸运女神眷顾的时候，务必善用这少有的"幸运时刻"。

……

其实，二八法则蕴涵的智慧远远不只这些，但它们都共同明示了这样一个道理：在我们生存的这个世界里，有很多东西都是不平衡的。但面对这种不平衡我们并非无能为力，而是可以利用它为我们的事业和生活谋福。

比如，对一个服务员来说，顾客中的20％占有营业额的80％，而他们就是所谓的"贵客"。既然这样，要怎样做才能抓住这些"贵客"，也就是我们经营的诀窍所在。所以，如果很好地理解并运用二八法则，不管遇到什么样的经济萧条都不必惊慌失措。

同样的道理，身为管理者都相信精神论调，希望能把所有的职员都团结在一起。但是，如果了解了这个法则，就会明白：如果在80％营业额的20％的顾客身上倾尽全力的话，一定会有更大的收获。

就像在我们的现实生活中经常有这样的人，他们看起来不怎么努力，却获得了比别人更多的成功，与其说他们在别人看不见的时候下了功夫，倒不如说，当别人在偏离要点以外的80％的部分上下功夫的时候，他们却在为抓住的20％的那一部分要点努力着。

二八法则认为：原因和结果、投入和产出、努力和报酬之间本来就存在着无法解释的不平衡。一般情况下，投入和努力可以分为两种不同的类型：一是多数，它们只能造成少部分的影响；二是少数，它们能造成关键的、重大的影响。

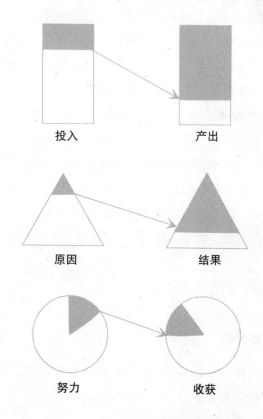

一般的事实情况是，产出和报酬只由那些少数的原因、投入和努力带来。原因和结果、投入和产出、努力和报酬之间的关系经常是不平衡的。如果以数学方式分析这种不平衡，得到的基准线是一个二八关系，即：结果、产出和报酬的80%取决于20%的原因、投入或努力。

一般来说，二八法则分析法的首要用处，在于让人们注意造成该关系的关键原因，也就是认出哪些是导致80%（或其他数字）产出的20%的投入。

再比如，20%喝啤酒的人喝掉了80%的啤酒，那么显然这20%的人就应该是啤酒制造商应该注意的对象。要想更多地增加他们的啤酒销量，就要抓住这20%的人，争取他们的购买。出于这样的考虑，啤酒制造商也许会忽视其他80%喝啤酒的人，因为他们的销量只占20%。

同样的道理，当一家公司发现，他们80%的利润是由20%的客户带来的，那就要采取决策尽量争取这20%的客户来拓展业务合作关系。这样做，不仅比把注意力平均分散给所有的客户更容易，而且能带来更大的收益。

再比如，如果公司发现20%的产品带来了80%的利润，那么这家公司就应该集中精力来生产销售利润高的产品。

二八积极论

社会进步论

英国文豪萧伯纳说："进步在于提出不合理的需求。"我们必须找出那些产生80%结果的20%的努力，以增加我们所重视的价值。如果我们想要的水准超出所具备的能力范围——那才是努力的意义，因为所谓进步，乃是以少数人已达成的标准为全体的最低标准。

二八法则以进步为目标，追求彻底的改革。若能把这种精神应用于社会政策的制定，必然有助于促进企业管理的提高、政府组织效率的改进和个人的进步。

一位社会学家说："如果说，使穷人悲惨的，不是大自然，而是人类的制度，那我们的罪过可就大了。"

二八法则是什么呢？它只是一项有用的认识，一个应该在居家、办公室和实验室中皆备的省钱又有效的诊断工具吗？还是一种像电脑程式的智能软件，有用但欠缺道德内涵？它有没有别的意义？我们能不能把技术以外的目的和道德放入二八法则，使它能成为一股重要的为善力量？

毋庸置疑，二八法则可以帮公司获利更多。每个人都可以用二八法则来改善生活，大大提高效率和快乐程度。那么二八法则也就成为了一股道德力量，因为一个可以增进快乐的东西也就可以为善。

但有时候，某人的快乐是牺牲别人的快乐才换来的。假如我们能说明，二八法则对整体社会有用，我们才能说二八法则有道德价值。因此，是否能运用二八法则来协助创造出更好的社会对我们来说十分重要。

在一些学者看来，二八法则对于整个社会的进步和福利的提高是有意义的。

三千年来，人类对进步有了更深邃的思考，许多历史学家对于宇宙与人类的历史究竟是走出一条崎岖但保持前进的路，或者是原地踏步众说纷纭。认为没有所谓进步论的人，包括两千年前的古希腊罗马时代的哲学家，如海希欧德、柏拉图、亚里士多德、塞尼加、贺瑞斯，以及公元4世纪时的圣奥古斯，还有当代大部分的哲学家与科学家。

而支持进步论的人，几乎都是17世纪末与18世纪启蒙时期的人物，例如方泰尼尔和康多塞特，以及19世纪大多数的思想家和科学家，包括达尔文和马克思。而进步论的领导者当属于18世纪的吉本，他是一位古怪的历史学家，著有《罗马帝国兴衰史》一书，吉本曾在书中说："我们不能确定，在朝向完美的路上，人类究竟能进步到何种程度。因此我们可以做一个这样的结论：这世界的每一个时代，其财富、快乐、知识与人类的美德，都比前一时代增加。"

当然，现在反对进步论的人，比吉本时代的人更能提出证据——但这也是进步的证据。关于进步的论辩无法以实证方式获致结论。对于进步的信念，必须是一种出于信心的行动。当代作家亚历山大说，进步是一种责任。如果我们不相信有进步的可能性，就永远无法改善世界。

经济进步论

整体而言，企业与科学一同提供了进步论的证据。我们明白了天然资源并非用之不竭，这时，企业与科学便提供了非天然而取之不尽的资源：经济空间、微晶片、新的强力科技。但若欲成就更大的利益，进步不应该被科学、技术与企业限制。我们应该在生活品质上追求进步，不但个人要在自己的生活上追求，也要大家共同努力。

说来矛盾，二八思考法在本质上是乐观的，然而它提示了未达水准的情形：只有20%的资源与成功有关，其余的80%只是浪费时间与精力。因此，你应多花力气在这20%上面，并让另外的80%跃升到某个水准，那么就可以增加产出。进步论带领你到更高层次的领域。但是，即使在高层次，还是会出现二八法则式的分配。你必须再进步到新的更高层次。

企业与科学的进步印证了二八法则。造一部大电脑，让它比过去的计算机器快好几倍。然后，把这部电脑造得小一些，快一些，便宜一些，重复这个过程，再重复。这是一场没有结束的进步过程。现在，把这个原则应用到生活中。如果我们相信进步论，二八法则就能帮助我们了解它，最后，也许我们证明吉本是对的：真正的财富、快乐、知识与价值，可以持续增加。

放下你的怀疑和悲观。恢复你对进步的信心吧。未来就在这里：在那少数耀眼的例子中，在农业事务上，在产业、服务、教育，在人工智慧，在医学、物理学和所有科学，甚至在社会和政治实验上，它们超越了过去无法想象的目标，而新的目标继续出现。

请记着二八法则。进步总是来自少数的人和有组织的资源，他们的表现显示，前人眼中的顶级，乃是下一个阶段的地基。进步需要精英，但精英为荣誉和服务社会而活，精英愿意让我们运用他们的天赋。进步有赖于见识到独特的成就，以及了解别人的成功；在于破解既有利益结构；在于要求，特权所享有的水准应为所有人共享。

二八法则说，你不需要等所有都到齐；你可以在你的工作和生活上开始实行。你可以拿出自己最棒的成就、快乐和服务，并且将它们变成生命中的一大部分。你可以快乐更多，沮丧更少。你能找出不重要和低价值的那一大部分，然后蜕去这层无用的皮。你能依据所花的时间和精力来辨认，找出在日常生活的消磨里，究竟是哪些性格、工作方式、生活方式和人际关系给你带来最大的价值；而既然你已找出它们了，就用一点勇气和决心来使之增加。你会变成更好、更有用、更快乐的人。你也能帮助别人做到。

二八法则并非只描述现状，仅仅发出溢美之词。而是提出处方，注意到失败；指引了一条可获得大幅改进的方向。

如果说，80%的商业活动（以收入或资产来计算）只生产20%的利益，那么商业世界还有效率吗？

如果说，我们80%的人只产生20%的价值（以金钱或收入计算），社会善用了它的才能吗？

这些问题都没有固定的答案。商界人士、质管工程师、策略顾问等人，都在观察到这类现象后加以应用。二八法则的精义，在于作为一个有用的工具，要改善它所观察到的现象。

我们看看商界如何应用二八法则：当企业领导人在工作中观察到二八现象，看到20%的产品或收入产生了80%的利益，而其他80%只带来20%的利润，这时他们并不是耸一耸肩，口中喃喃念着帕累托、哈耶克、弗里德曼等人的概念，并埋怨市场经济制度有待进一步改进，然后就没有了下文。相反，那些有脑筋、会赚钱的企业家，会想法子改善这种不平衡。他们把真正具有高生产力的20%加大；他们使较不具生产力的部分提高生产力，如果不能提高，就减少它们耗用的资源。他们用二八法则来追求进步，改善现状。

赢家通吃和社会公正

近年来，突然有很多人对于"二八法则""赢家通吃的社会"等议题所隐含的"不平等说"大感兴趣。出现了一股思潮，撷取二八法则的若干特色，以仿佛启示录的姿态向世人宣告，社会愈益不平等，这是无法阻挡的事实。像这种以二八法则为基础的悲观，甚至宿命的论调，我们必须重新审视。

在以上章节中，我们提到"赢家通吃"的现象，是指在运动、娱乐和专业等领域里，最顶尖的人物所得的酬劳愈来愈高，所以他们与其他人的差距愈来愈形成一道鸿沟。

这种情况在美国最明显，但似乎举世皆然。

有证据显示，位居前10%的工作人口，收入快速增加，而殿后的10%，收入增加的速度就慢得多，甚至不动。据说，1997年初在达佛斯举行的世界经济论坛，花了许多时间思考这个趋势所代表的含意，其中一项报告提到："有些美国经济学者认为，在未来的美国，20%受过高等教育的专业人才，由于接下超级巨富交付的任务，一年可赚7.5万美元到50万美元。其余80%的人，现在一年收入约3万美元，将继续窝在自己的工作中，看着生活品质逐年下降。"

德国一本畅销书《全球陷阱》，也提出相同论调，认为当不平衡的情形全面蔓延后，会带来一个"二八的社会"，只有幸运的20%才是主角。书中探究在一场1995年旧金山举行的研讨会中，500位政治领袖、企业总裁和学者作出的评估。此书认为，就全球市场经济而言，将会出现大规模的失业：

"在下一世纪，到达就业年龄的人口中，只要20%就足以维持世界经济的繁荣。……全球经济所需要的货物和优质服务，只要1/5的人就足够生产。这20%的人，便能使生活、工作和娱乐各方面活跃起来。

"其他的人怎么办？想就业却没有工作的80%的人？新的社会秩序将出现，专家说，这会是一个没有中产阶级的富国。没有人不同意。"

《无为式管理》一书中的一章也谈到管理人面对失业所带来的挑战：

"后管理时代的公司所需要的人力较少，因为到那时候，管理阶层、文书人员和其他营销人员经过10年的删减，将会减少50%……如果所有国家的私人公司都变成管理时代的公司，那么由于时势不可当，所雇人员的数目将会下降15%～20%。美国的失业率会从目前的不到6%，升至25%左右，而且主要是管理阶层的失业。"

这些由二八法则或"二八社会"而引起的辩论，提出未来是"注定到来的灰暗"，我们该如何理解？

在帕累托的观察中，所有社会都有不平等现象。20世纪希望借由税制与福利打破不平，但是，当全球市场重新拥有在19世纪所拥有的权力，社会不平等就又回来了。全球市场权力愈大，不平等也愈严重。企业的生产能力愈大，所需员工愈少。因此，自由竞争下的全球市场带来两个重大且相关的问题：第一，大量的失业人口，其中包括素来受保护的中产阶级；第二，更严重的社会不平等，分成居上的20%与在下的80%。

对于前面问题的讨论，我们可以把这些研究者分成两大阵营：悲观主义派和乐观主义者，悲观主义派或宿命论者认为，不平等是不可挡的趋势，我们无能为力。但持乐观主义态度的人数较多，他们主张，必须做一些什么来打破二八模式。其中最完整的论点来自《全球陷阱》一书的作者。他们说："全球化并不是自然命定的。一定要停止这种漫无目的的发展。"

如何解释这样的观点？一些专家则从另一个角度认为，悲观主义派和乐观论者的结论都错了。他们确实有不少分析是正确的，颇值得深思，不过当他们（直接或间接）提到二八法则时，只能算是肤浅的理解。如果他们真的对此法则有正确的了解，他们将会明白，社会总是趋向于进步的。

譬如失业和不平等的问题，以及它们与日渐全球化的市场之间的关系。的确，当企业知道了如何以精简的管理来运作，当企业因面临国际竞争而不得不一面生产最佳产品一面降低成本——面对自由市场，若不这样做就会破产——所以市场越自由，就越有可能破产——所以，管理阶层大量失业是件危险的事。

但是从历史观之，繁荣是持续的、周期性的。每一种新技术或新发明，每一种节省人力的设计、生产技术的改良，以及能降低运送与服务成本的方法——说得简单一些，也就是每一种工业上的进步，不但在一个以市场为基础的社会中，一步一步提升了所有国家和地区的生活水准，同时也带来较高的就业率。

工业革命以来，每一个时代都出现反对者：反自动化的人、预言人口爆炸的末日论者、浪漫的封建主义论者、法西斯主义者、反资本主义者。这些人常常宣称，成长有其极限，而市场机制无法提供一个合乎要求的就业比例。但是我们看到，人口增长、女性进入（或重返）工作市场，佃农制废除，农业提供大量工作机会，家庭中不再雇用佣仆——这些本都是失业的预警，却全已融入市场机制中。

250年来，历史中所有的末日论者都被证明是错的。每一次他们总是说，这一回不一样，这一次有完整论据。的确，全球市场正加速自由化；我们渐渐知道，在大型多元经营的公司中的组织与管理方法是错的；我们不必像大公司一样雇用大量员工也可以做得好；未来10年至20年，将会出现管理阶层失业的问题。

但我们能调整，也将会调整。能保有全球市场的机制及随之而来的繁荣，而不致引起麻烦的失业问题。进步，是指可以用比较低的价格换取货物；这样的进步，会产生购买其他物品和服务的消费力。而只要不遇上突然的景气崩溃，购买力将会造就新的工作。新的工作不是在大公司里，而是在较小的公司，在个人公司（一人公司或小型合伙公司），且是提供大型企业不易推出的个人服务。随着全球市场进展，将会扩大现有的非全球性的市场，或创造新的市场。

不过，在短期内，私人企业无法提供所有的工作——也许它们不愿意——那么，我们应能够将人力运用于社会范畴里。这些高技能和次高的技能，都可在各层面提供教育和增进知识，大大有助于提升社会水准。尽管商业职场上不雇用或请不起这些人和这些技能，但社会应鼓励他们施展能力，并提供给他们工作机会。

优胜劣汰与社会效率

在一个富裕的社会中，失业本身不是问题。如果社会够富裕——更自由化的市场会使它愈来愈富裕——当社会里的人想就业却无事可做时，他们可以在市场经济之外就业，不依市场的行价来付酬劳。不过，除非我们认为整体社会的财富将会减少，否则，无法依商业行情来酬付这些在非商业市场就业的人。而当社会中的财富分配不均时，才会出问题。

因此，我们真正应该讨论的问题，是在财富水准日渐提高的社会中，不平等现象愈益严重。很明显的，由于财富没有重新分配，所以自由市场代表着财富不均；而愈自由化的市场愈不平等。美国、英国及亚洲若干国家，致力使自己的市场成为最自由的市场，而自由化程度与日俱增，所以迅速出现财富分配不均，二八法则可以解释为什么会发生：因为80%的有用和有价值的物品（以消费者的自由购买来说），是20%的人力所创造的。如果市场不受阻碍，则酬劳应会分配不平均，因为价值是在不相等的情形下创造出来的。

这表示，大笔财富和平等之间有一种交换的关系：如果我们选择最大的财富，就会有较严重的不平等。尽管整体社会的生活水准仍会提升，但总是少数人拿走最好的部分。

　　市场比什么都能反映价值。所以，解决不平等的最好方式，不是压制市场与价值的创造，而是要确定，社会中所有成员都具备平等且普遍的参与机会。所以，我们可以从两个地方开始：其一，使人人成为资本家和企业家（在自己最有生产力的地方使用资源），让所有人进入市场经济。其二，确保社会中的每个人，特别是位居社会底层的人，都要好好运用自己的才能，知道如何运用。

　　在市场经济中会发生社会不平等，原因不在于市场中有输有赢，而在于并不是所有人都参与了市场。那些被排除在市场外，或是参与程度有限的人，自然是远远落后。而想要参与市场经济体系的人，必须先拥有若干资产作为起点，而且还要有一个能够获得更多的前景作为参与的诱因。此处不谈如何做到，但确实做得到，而且比发放福利金更符合成本效益。

　　有一个方法能带来属于每一个人的市场经济：出售公有土地和建筑物（任何一个政府都拥有多余的产业），并使国有企业民营化。接下来，建立一个基金，属于社会全体人民共有，并在一段时间之后，只能用在特定用途上，例如教育、购买保险、支付养老金或创业。

　　更重要的是，以此基金所提供的教育，必须做到让每一个公民选择自己的领域，使之培养足以谋生并进入市场的技能，如果必要，国家应该加以补助。二八法则最重要的应用也许是在教育方面：既然20％的开支或资源能产生80％的结果，所以，我们需专注在20％的高效率教育方法，好让所有年轻人能在市场经济中工作。欲确保社会安定与经济繁荣，除此别无他法。

市场机制运作的方式在带给我们繁荣的同时，不致造成失业问题或严重的社会不和谐。对此，我们应该有充分的信心。从二八法则中可以知晓，对于资源如时间、金钱、精力、个人努力与智力等的运用非常糟糕，但正是由于存在这样一些缺陷，并且能够发现这些缺陷，所以我们才可以把事情做得更好。

我们认为市场机制好，是因为市场能刺激低效率的资源，使之转成高效率的资源。但市场并不能自动完成这一转换，所以我们有必要借助于知识、科技和创业精神来促使它发生。市场总是需要有力量在它背后，把它朝正确的方向推。如果市场总是能产生最好的结果，那就不可能出现持续的进步了。

进步，依赖我们在每一件事上都找到更好的方式。这包括我们操作自由市场经济的方法，所以我们必须用二八法则改进现状。

二八法则无所不在

二八法则已经被广泛运用于企业经营管理的各个方面中，包括产品品质的控制、营销活动的推广以及人生幸福的设计，现在这一法则正在被应用于更广泛的领域，譬如教育、医疗卫生甚至国有企业改革等公共经济和政治领域。

二八法则应用在教育上

如果我们想让社会变得更加美好，最好的起点是把二八法则用于教育上。要得以实施，需要注意三个主要因素：辨认出是哪些关键的少数带来绝佳结果、废除垄断、加入竞争机制。

二八法则提出这样的假设：优秀的教育表现，出于若干真正重要的原因；杰出的结果，来自若干取向或方法。如果我们能找出这些原因和方法，然后增加它们出现的频率，将会有更长足的进步。一些教育学家曾经做过有关这方面的研究，以下是研究的结果。

布鲁金中心针对500所美国中学进行调查，试图了解究竟是哪些因素影响学生的学业表现。结果最重要的因素是学生本身的性格与态度，而这两者主要是由家庭背景决定的。学校的中期目标，应是做到让所有学生都以积极的态度到校学习，也就是让他们有心学习。想达到此目的，就应该确保所有的家庭都参与到社会财富的创造过程中，并拥有一定的资产。就短期目标而言，学校必须从现在教材着手，不再让学生厌恶学习。

这份研究还发现，除了学生性格和态度之外，第二个重要的因素是学校本身。有些学校明显比其他学校优秀，而究竟是什么原因使它们优秀。一般人会猜测，原因是学校的经费、教师的薪水、平均花在每个学生身上的经费、班级大小、学生从学校毕业所必须具备的条件等等。实际上，这些影响都不大。

真正重要的因素是父母对孩子的掌握、学校的教育目标明确、领导能力、学校自主、老师拥有教学自由与获得学生敬重。但大多数学校并没有对这些因素进行扩展，加以鼓励。其实，如果我们让老师和父母多拥有一点管理学校的权力，则既可以减少花在教育上的公共经费，教育的效果也可以大大改善。

此外，还有教育方法的问题，在德莱登（Gordon dryden）和佛丝 (Jeannette Vos) 两位合著的《学习的革命》一书中，进行了更深入的研究，并提出了一些被证明十分有效的方法。

在新西兰的法莱克斯梅（Flaxmere），表现落后于同龄学生 5 年的 11 岁学生，在以录音带当作辅助的阅读教材后，10 周就可以赶上同龄孩子。

一项美国军队的试验显示，使用了附有解释学习技巧的书后，士兵学习德文的速度比预期快 6.6 倍，也就是 1/3 的时间即超过预期的两倍进度。

在英国瑞迪 (Redditch) 的布利德雷·穆尔高中，用加速的方式让学生学习外语。本来用正常方法时，只有 11% 的学生得 80 分以上，运用新的方法后，有 65% 的学生可达 80 分以上。以正常方法只有 3% 得到 90 分，新方法使 38% 得到 90 分以上——比过去增加了 10 倍。

德莱登和佛丝的书中没有提到二八法则，但等于赞美了二八法则，因为这一法则的重点是：把最有用的办法，用在生活中最重要的地方。总是会有一些少数的方法、应用者、原因和方式，产生惊人的结果。找出这些，然后让它们加大。如此一来，不仅只是改善现况，而是进步倍增。

解决教育的问题要做到彻底，应该采取最有用的方法。这里所指的不但是使用验证后确知有效的最好方法，使学生在投入后运用惊人的脑力；也包括建立正确的教育结构。学校应自己掌握自己的发展，同时也使父母和老师有机会尝试实施自己的许多想法，有权做主，但必须要经过客观的评估和核实。

此外，有一个关键方法可以有效改善我们的教育系统，那就是竞争。好的学校必须扩大；如果表现不佳的学校里的学生及其父母，都希望由好学校来接管，那么表现不佳的学校就必须被迫关闭。

几年前，商业大师杜拉克指出，在众多发达国家中，美国是唯一在学校制度中不提倡竞争的。现在的情况有所改变，譬如在明尼苏达、爱荷华、阿肯色、俄亥俄、内布拉斯加、艾达荷、犹地、马萨诸塞、佛蒙和缅因等州以及纽约市的东哈林区，可以说都提供机会让学生有所选择。尽管如此，包括美国在内的大部分国家，都称不上拥有显著的竞争性学校体制——若出现，学生进步的幅度将会让人吓一跳且会持续；但如果不出现，我们就牺牲了学生与社会。

好学校和普通学校间的差异如此之大，其差距就像少数能有高产量的方法，与占多数的不良生产方式之间的差距；将二八法则有系统地运用在教育中——使用有效的方式，授予父母和教师控制权，让竞争带来奇迹，将会带来惊人的效果。如果我们不释放这股力量，将会犯下一桩有违人性的大错。

二八法则有助于打击犯罪

纽约市自 1993 年后犯罪率急剧降低。比如北布鲁克林区本是名声最坏的区域之一，在 1993 年的杀人案有 126 件，到 1995 年锐减为 44 件，减少了 65%！无人预期能有此改善，但这是经过苦心努力而得的成果。

该区警察局局长布拉顿发现，大部分的罪行出自一小群罪犯，并且产生于一小部分场合，例如年轻人醉倒在街角后易生罪行。于是一开始，他就率领大批警力扫荡问题最大的街区，并处理少数罪犯极易滋生罪行的场合。他的政策是"绝不宽容"，即使如醉倒在街头、公开撒尿和在公共建筑物上涂鸦这样的小罪都不放过。这种目标和努力被证明十分有效。布拉顿自己也许不知道，他使用的正是二八法则：专注于造成 80% 问题的 20% 原因。

纽约的这种情形，和此前西班牙玛贝拉市所发生的情况一样，其效果远超过众人预期，不但打击犯罪卓有成效，也改善了附近区域的治安情况。其原因可以用以上章节中所谈到的临界点来加以解释。所谓临界点，是指一旦某个新发现或实行的方法发展到某一点时，再多加一点点努力，就能收到极大回馈。当一个地区有一定的犯罪数时，那些无害的小罪如酗酒、撒尿或乱涂鸦，也会泛滥成灾。可是一旦警察做到了减少犯罪，街区变得较安全时，居民的态度与行为就有 180 度转变，街区的治安环境就会变好了。

二八法则对于社会政策的作用十分明显：花了钱去改善

社会问题却达不到临界点，是一种浪费，但如果再努力一点就到达临界点，也就是全力解决导致80%问题的20%情况，那么金钱和努力就能发挥良好的效果。

关于犯罪问题，社会舆论有着迥然相异的看法。一些人士希望采用彻底态度（动用警力）来解决的少数问题之一；而用二八法则最能有效减少犯罪。一个例子是最近英国警方锁定了犯下80%罪行的20%罪犯，展开搜捕。如果说，集中火力的、干预式的做法，能有效遏制犯罪，且可用二八法则和临界点来解释，那么当然能以干预式的方法制定社会政策。

医疗保险

任何的问题或机会由少数原因造成。因此必须找出是哪些原因，并以专注和果断的方式面对。

以全民医疗保健所碰到的棘手的问题为例。许多人士呼吁要扩大范围：盖更多的医院，雇更多的医生护士，花更高比例的国家预算，若不得已，就提高税收。而另一些人士则认为，要保持现行税赋甚至削减税赋，并确保医疗补助只给真正有需要的人。两派意见鲜有共识，也无从取决何者是较佳的政策。

二八法则会支持哪一边？都不支持。20年前，美国卫生总署试图为所有疾病找出根源，认为只有10%的疾病，是因为没有健康医疗制度而造成的，而整整50%的疾病与个人行为有关。但不管是共和党或民主党执政时的美国政府，用在全民保健医疗方案的预算，比用在推动均衡营养、健康教育、自我照顾和个人健康等方案上的预算，多出 20 倍。

二八法则认为，20％的经费产生 80％的结果；另外 80％的经费只产生 20％的结果。能不能进步，全看能不能认出产生 80％的是哪 20％，产生 20％的又是哪 80％。在这个医疗保健的例子里，这 20％就是关于健康的教育宣传，特别是在早期最有效。医疗保健和大多数领域的问题一样，预防比治疗重要，也便宜得多；若能在疾病发生的早期就治疗，比晚期治疗效果要好且便宜；在年轻时建立起健康的生活习惯，使之持续一生，到了年老之后就可以得到益处。

因此，合理的做法是投入大量精力在学校的健康教育上，一直到真正开始作用的临界点出现，才会改变行为。国家应该拟订长期计划，并监督管理计划的推动，以确保全民在健康饮食和运动上有大幅进步。国家可以运用民间企业的力量，依结果来付酬给私人企业。我们也许不需要那么多医院、医生和护士，而需要多一点义工、营养学家、健身房、健身设施、公园、脚踏车专用道，并对不健康食物征收高税率。

总之，二八法则对于社会改造表现出乐观。它承诺，若辨认出产生八成结果的两成努力，而后找到一个跳脱传统的解决方案，然后把大部分努力放在这两成的力气上，便能以少换多。它也承诺，若我们能对准目标放入足够资源，以到达临界点，任何社会问题都能有明显进步。不过我必须提醒你，解决方法必须是跳脱传统且实用的。

大型国有事业改革

二八法则不但注意到大型国有事业的问题，还试图解释为什么会产生这些问题。从二八法则的角度看，大部分企业都欠缺效率，在每个产品、顾客、部门或主管等方面的资源配置都不恰当，因而无法显示真正的内在价值。然而，批评这些企业无效率只是个相对的说法，毕竟现代企业提升了生活水准，其进步是不容否认的。100年来，每一名工人的产出已增长了50倍。

然而在许多国家所提供的服务，却正好印证了二八法则最悲惨的预言。由于无法确认到底谁应为服务的价值负起责任，投入和产出之间的关系也就难以测算。许多由国家提供的服务，并非故意降低效率，而是由于它所处的垄断地位，也就无法提供多种选择给顾客，其绩效表现也就无法得以测量。

所有组织本来就是没有效率的，甚至有时是故意无效率的，尤其是那些复杂的组织。如果说民间组织的效率比政府组织高，这是因为有市场因素的作用。而那些公有领域的组织由于没有市场的刺激，所以就算服务差也不会被淘汰，而更糟的是，好的服务得不到新资源，这么一来，二八法则的杠杆获利过程便不会发生了。

因此，在公有组织作二八分析是没有用的，因为一定不可能获得关于表现的有意义信息；就算可能，也没有诱因或必然性可吸引人去鼓励最有价值的少数，并把资源从低价值的多数移走。因此，价值永远不可能提升。所以，如果我们想以少换多，不妨从一个方法开始：把国家提供服务的功能全部取消。

因此，许多发达国家都意识到这一点，逐渐削弱国家的服务功能，将大型的公共服务民间化，结果不仅增加了服务的价值，也降低了所花费的成本。

国家在经济上的干预

由大型国有事业的改革这一问题，我们可以延伸到国家在经济上的干预这一宏观经济问题。二八法则不相信市场能达到完美，因为它会受到复杂组织的干扰。而在非垄断的市场经济环境中，消费者可以自由评估相对价值，能刺激获利，达成效率。在实际情形里，国家干预时，通常不支持消费者利益，却站在生产者这一方；生产者能说服国家，有时且以不尽诚实的方式推翻国家政策，国家则只关心短期的就业率。政府唯一支持消费者的地方，乃是反托拉斯政策；但六七十年以来，反托拉斯的成绩却十分有限。

二八法则隐含一个意思：国家对于经济事务的干预程度愈低，获利和效率表现愈佳。而相反的，若国家在不直接服务的情况下，对于社会事物进行干预，这时使用二八法则，成长潜力会很大。欲减少社会的浪费，唯有社会彻底重整事务。

二八法则所提出的方案，究竟属于激进的、温和的还是保守的，需要时间来检验。但现实生活中许多问题可以借二八法则来终止是不争的事实。这条法则指出，在生活的各个层面，普遍存在着巨大的差异：投入和产出之间不平衡；以平均成绩和整体表现来欺骗自己；少数方法可以把事情做得非常好，大多数方法只造成平庸的结果。

所以，二八法则本来就是未定的、不满现状的、深信进步的。它相信，我们能为所有的人带来财富与快乐，可以让社会整体产生进步。

二八法则在国家公共事务上的主要价值，一如它对个人和公司的价值，在于它对事物因果的观察——这种观察让我们大步向前。二八法则所开的处方是追求彻底改进的，寻求改变的，以实际表现为基础的。

所以，针对前面所提出的问题，答案是：二八法则具有道德上的力量。它激励我们，不管是否为了获利，都把最多的可用资源，分给那些对别人极有用的少数，并确保目前生产力不高的大部分资源，能加强效率。

商业成功的二八法则

把精力放在真正造成威胁的地方。找出那带来80％收益的顾客，并想尽办法满足他们的需求。

——电信运营专家哈里·森

若想成功，就得分清轻重主次……多数组织都可用帕累托法则来说明：80％的重要部分，是用20％的成本来支撑的。

——管理学家康顿

二八营销法则

80％的收入来自 20％的商品

把日常费用分摊在每一种产品上时，你就会发现，有些产品（或者说 20％）虽然只占营业额的少数，但利润却非常可观；大部分（或者说 80％）产品的利润十分微薄；还有一些产品，在分摊了费用之后则会出现亏损现象。

二八法则也同样适用于从事商品销售的公司。

如果对我们的经营做一个细致的统计，就会发现商品市场永远不可能达到均衡。通常的情况是，占总产品的 20％的部分产品，所带来的利润却占了全部利润的 80％；反之，剩余 80％的产品创造的利润，仅仅占了全部利润的 20％。

因此，公司要善于发现那些能带来超额利润的 20％核心商品，集中精力在这些产品上下功夫。简单地说，就是发现我们经营中的招牌产品和占据着大比重营业额的商品。

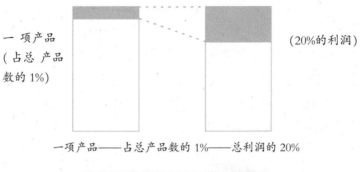

一项产品
（占总产品
数的 1%）

（20%的利润）

一项产品——占总产品数的 1%——总利润的 20%

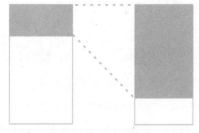

20 项产品——占总产品数的 20%——总利润的 80%

要注意的是，二八法则不是说只需要掌握这 20％的核心商品，其他的商品可以不管不顾。法则的目的是让你把重要精力投注在重要商品上。如果对这样一个黄金法则嗤之以鼻，那么只会做出盲目销售新商品的无用之功。

同时，它们之间精确的关系也不就是固定的二八，二八只是一种概说，是为了比喻的方便起见。80 加上 20 等于100，这样的数字不但直观，而且易于记忆。而在现实中，80％的利润也可能来自 35％的产品，或者来自 20％的产品，甚至只是 10％的产品。总之，这些数字都表现了一个内容：不平衡。

即使真正代表其关系的数字可能有细微的偏差，然而，通过统计分析得出，在大多数情况下，投入与产出之间绝非我们想象的 50/50，而多半还是趋向于二八。

若要使自己的企业在竞争激烈的市场浪潮中站稳脚跟，并更多地获取利润，采用二八法则是十分必要的。时刻关注为公司带来 80％利润的 20％部分的商品，同时要洞察在未来有较大发展潜力的产品。

关键客户和关键人物更重要

"某些关键人物就是比较重要"，这句话听起来颇让人怀疑，但很多事实都毫不含糊地印证了这一真理。尤其是在复杂的商业活动中，"关键人物"更显得重要。

当然，把那些尚且是"新客户"发展为"老客户"是重要的工作之一，但保住自己的老客户是我们事业成败的关键核心——因为你不可能做到把所有的客户都作为工作的核心，所以你有必要专注于 20％的最重要客户，这样做比照顾 100％的客户更容易，也更加奏效。

成功的人只要分析一下自己成功的因素就知道，二八法则在默默地协助自己走向成功。80％的成长、获利和满意，来自 20％的顾客。因此公司至少应知道这 20％，才可以清楚地看见公司未来成长的前景。即你必须先知道这 20％的"关键人物"是谁，才谈得上以他们为目标，永远留住这些最重要的客人，给他们提供周到的服务。

要想知道这 20％的"关键人物"，就要尽可能了解并掌握对方的情况。

如果你营销的对象是个人，那么你就要努力搜集到这位顾客的个人资料，主要有：

——客户的姓名、称谓；

——教育背景；

——生活水准；

——购买能力；

——有无决定权；

——周围有哪些具有影响力的人；

——兴趣、爱好；

——社交群体。

如果你的营销对象是群体单位，比方说工厂、公司等，除了要搜集采购人员的个人资料外，还要特别注意搜集某些相关的重要资料：

——最高决策人是谁？

——最具影响力的人是谁？

——哪一个单位要使用？

——谁有最终决定权？

——哪一个部门负责采购？

准确掌握了这些信息，你就能清楚地区分与判定顾客的价值，从而避免撒大鱼网，最后网到的都是没有什么重大价值的小鱼。

你可以根据客户对你营销业绩的重要性程度，将其分为：

——重要客户，即在过去特定期间内，购买金额占比重最大的前1%客户；

——主要客户，即在特定期间内，消费金额占比重最大的前5%的客户；

——普通客户，除了重要客户与主要客户外，购买金额占比重最大的前20%的客户；

——小客户，除了上述三种客户外的其他客户。

不久前，某咨询公司的一份调查研究结果显示出这样的结论：公司20%的重要客户，居然为公司带来了90%的利润。也就是说，有八成客户几乎不能为公司带来什么利润。

发掘20%的核心客户

一个公司只要存在，无论它的产品或服务最终是否被消费者购买，他们都有自己的客户。但关键的问题是：我们应该怎样去了解客户？

公司和企业当然都知道自己的客户是哪些，但在很多情况下，要详细准确地说明这些人却是不容易的。如果你只有少数屈指可数的客户，你也许能对他们如数家珍，但一般的公司都有大量的客户，对于这些众多的客户，公司也只有一个概数，而不是清晰地陈列在头脑中。

所以，在各种商业领域运用二八法则都一样奏效：

你的业务绝大部分（比如说80%）可能只依靠占相对比例小得多的客户（例如20%）。简而言之，一小部分的客户买走了你的一大部分产品。

你可以根据客户占有公司总销售额的百分比来排列顺序。对于一个大规模或结构复杂的公司，你可能根据产品或行业来做这项工作。

这样做的目的是让你了解当前业务的主要来源，它有两个重要目的：

——对于公司业务的目前状况及其走势有一个总体的结论;

——为进一步了解个别的客户提供依据。

为了对客户有个大致的了解、发掘核心客户，你可以思考以下问题：

——有什么意外情况发生吗？

——我们的业务是否要依靠某些没有想到的来源，或者正朝着我们原来没有意识到的方向发展？

——我们是否过分依赖一个或两个主要客户？如果是这样的话，一旦他们转向其他供应商，我们将怎么办？

——我们正在向哪个或哪些行业提供产品？

——目前我们应当集中精力同哪些客户开展业务？

所有这些问题最后得到的答案，就是我们需要重点保持联络的核心客户，因为他们就是我们大部分产品的消费者，也是利润的主要创造人。只要清楚地了解这一点，以后我们的工作就不会毫无头绪或不分主次。

同时，我们不能只看到眼前发生的事情，也要洞察长远的趋势和变化。否则，鼠目寸光只会迷失方向，发展就更无从谈起。

留住 20％的关键客户

二八法则认为，80％的销售额来自 20％的顾客；80％的利润来自 20％的顾客。它们之间存在着一种固有的不平衡关系。当把二八法则运用到市场营销中，我们就可以此来确立一些更为有效的营销策略。

如果你发现，自己公司的 80％的利润来自 20％的顾客，你就会想方设法在 20％的顾客身上下功夫。这样做，不但比把注意力平均分散于所有的顾客更容易，也会更加提高效率。而那些营销新手认为，只要努力付出就可以得到回报，这样的想法更多的只是自我安慰和自欺欺人。

同样，对于一个企业而言，每位顾客的影响力度也是不一样的，通常是 20％的顾客为企业带来了大量的利润。知道这一点，在所从事的营销活动中，就不要把自己所有的精力和努力平均分配给每一个客户，"一碗水端平"是不可取的。最明智的做法是：充分关注发挥主要作用的大客户，将有限的精力充分投入到他们身上，从而取得事半功倍的效果。

对于我们来说，确保顾客中关键人物的 20％就是保住了主要的销售额，如何把这一目标变成切实可行的行动，而不仅仅是纸上谈兵呢？

利用具体的数字和数据是必不可少的手段，它能使我们的目标形象化，同时强化了可操作性。但更为主要的是为关键客户提供更优质的服务。

瑞典的银行组织发现，80％的客户并不能为银行创造利润，他们对银行的选择主要是出于对银行的服务感到很满意。而20％的客户贡献甚至超过银行100％利润的资金，相反，这些"大财主"却对银行的服务不满意。所以，银行开始努力改善对可盈利客户的服务，从而使对银行贡献大的客户明显感受到了服务的变化，进而增加了与银行的往来。

虽然这样的举措让他们失去了一部分客户，但银行的营业额却开始上升。而那些失去的客户基本上是不怎么带来效益的客户。

银行大小项目利润表

业务分类	营业额（＄）	利润（＄）	收益百分比（％）
大项目	35 000	16 000	45.6
小项目	135 000	12 825	9.5
总计	170 000	28 825	17.0

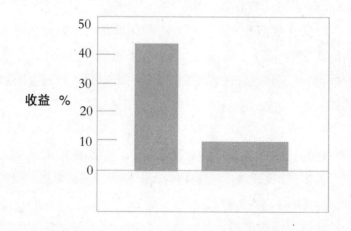

二八营销策略的核心是根据不同的顾客群，实施相应的营销策略，还要从整体出发，建立长久而稳健的顾客发展战略。其成功的关键是要确定带来80%利润的20%的顾客在哪里，并且留住他们。为此，我们必须把握以下两点：首先是要把握好老客户群体。

在商业经营的过程中，要想取得出类拔萃的成就，就要看能否抓住决定业务成就的关键人物——老客户，可以说，抓住了他们就抓住了财源。因为按照二八法则揭示的那样，销售额80%的都是由那些仅占20%的老客户带来的。

传统的生产观念和产品观念都教销售人员把新开发的客户作为工作重心，并且努力赢得新客户。而事实上这种观念是错误的，对业务员只能产生误导的作用。与新客户相比，老客户才是一个公司的财源，是这些老客户的存在奠定了公司的利益基础。而且忠诚的老客户不会计较鸡毛蒜皮的小事情。正如那些成功的企业家所感慨的那样，企业生存最宝贵的资产不是产品和商品，而是客户。

根据一项调查显示：若老顾客在所有顾客中所占的比例提高5%，对于一家超市，利润会增加35%；对于一位汽车推销员，利润会增加48%；对于一家银行，利润会增加80%。这一组数字，无可争议地说明了老顾客对于销售举足轻重的作用。

而且，抓住老客户本身就挖掘了一些隐藏的新客户，因为老客户可以影响自己身边的人，包括亲戚、朋友、同事等，这些都是潜在客户。

所以，深刻懂得二八法则的公司，在开发新客户的同时，不仅不会喜新厌旧，而且更加重视老客户的利益，力争与他们建立长期的合作、稳定关系。

其次是针对大量使用者的营销。

任何一种产品，都会根据不同的情况分为少量使用者、中等量使用者和大量使用者。而大量使用者在所有使用者中只占20%的比例，但他们为销售方带来的利润却有87%。有一项专门针对日用消费情况的调查表明了这一点，比如在啤酒市场中，大量使用者和少量使用者的使用量分别占87%和13%；在香烟市场中，大量使用者和少量使用者的使用量分别占90%和10%。

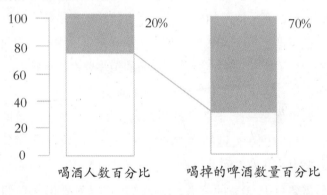

二八法则

所以，企业应该把主要精力放在吸引大量使用者上，而不是费心劳神地吸引一些少量使用者。

现在，很多企业已经认识到了大量使用者对企业发展的重要意义，他们根据顾客的购买数量和频率，制定不同级别的奖励制度来吸引大量使用者购买，如设立不同等级的会员制度。

运用二八法则增加客户

从以上分析，我们已经知道，每一位销售员的精力，不仅应该集中在那些产生80%利润的20%的产品上，让最能赚钱的产品增加更高的获利能力，还要专注于能带来80%利润的20%的顾客，以这首要的20%的客户作为"第一上帝"。

注重20%的主要客户不是说其他80%的客户就可以置之不理，这样做也不明智，所谓聚少成多，对大部分利润微薄的客户，要采取节约成本又行之有效的销售策略。较好的方法多半是把共占80%的小客户集中起来，采用电话沟通的方式进行销售和订购，这比面对面的销售要有效率得多，即使生意没有达成，也不会造成太大的损失。

如果你是一个非常出色的营销员的话，你一定懂得将80%的精力放在关键的20%客户的身上，同时，用20%的精力努力去开发新的客户群。充分灵活地运用二八法则，你就只需要付出20%的努力，就能产生你以前要花80%的精力才能得到的成果，可谓一劳永逸！

二八法则在企业经营管理上的基本原则是："以最低限度的开支和付出，赚取最高的利润。"这与企业最基本的经营目标是不谋而合的。

在企业经营中，一些容易自满的管理者总以为企业的成长已经是如日中天、发展到头了，还有一些消极的管理者却埋怨其他因素造成了企业发展的累赘，使企业裹足不前。

二八法则对这种看法是否定的，二八法则认为：20%的产品、顾客或员工，创造了80%的利润，这些不平衡的模式是客观存在的。有头脑的企业家就知道企业永远都有发展空间，关键是怎么发展它，企业今天的决策和工作，将预示明天的成果。

我们分析二八法则所明示的这种不平衡现象，从中得到一些启发：20%的产品、顾客或员工，创造了80%的利润，而其余80%的产品、顾客和员工，只能赚取20%的利润，这种不平衡关系看起来是很悬殊的。如果企业能做好那些好产品的生产销售，保持那主要的能带来80%利润的顾客，企业的利润就一定可以增加。

客户管理

成功了的企业人士都会认同：20%的产品为企业带来了80%的收入；80%的质量问题只会与20%的缺陷有关；20%的客户会给企业带来80%的收入。

其实，80和20并不特指一个非常具体的数字，只是反映了一种基本的思想——我们需要利用这种事物间的不平衡性来找到企业的优势并尽量发挥它。

该法则一个最实际的应用是客户关系管理。

商场上人人皆知的是：比起保留一个老客户，获得一个新客户要难得多。美国一家无线公司在获取一个新客户上所花费的成本是350美金，而该公司每年的客户流失率高达40%。因此，公司的业务举步维艰。被这种形势所迫，美国许多无线公司最后不得不被收购。

　　另一个客户服务代价太高的例子是银行业。银行在大多数客户身上所投入的成本要高于客户对银行的利润贡献额。银行对如何做好客户服务，以期挽留住能带来高利润的客户非常重视，并运用二八法则采取了因人而异的服务策略。它们将不同客户细分开来，针对不同的客户采取不同的服务方法和手段，而尽量满足高价值客户的要求，赢得他们的长期合作。

　　二八法则将会给任何一家公司带来新的希望。企业要努力做到：当员工察看某客户信息时，他能够敏锐地判断出该客户是属于最有价值的20%的客户，还是另外的80%。

　　目前，不理解这种不平衡性的公司还很多，它们忠诚地相信每一个客户都至关重要，所以给所有的客户以平等的待遇。而这样做的结果只能是在低价值客户身上浪费了太多的资金和时间。

　　二八企业管理法则不是教公司把客户分为三六九等，目的不是歧视客户，而是采取一种正确的战略措施做好公司的生产管理，是公司生存和发展的需要。只有这样，才能确保公司保留住高价值客户；只有这样，才能让公司获得一定的投资回报率；只有这样，才能把握并充分利用"客户"这个战略性资源。

　　然而，对于小型企业来说，具备足够的资源来投资并维护客户管理还是很难的。这些小型企业急需的是一种简易的、能够有效区分高价值客户和低价值客户的方法和措施。这样才能确保让小型企业有限的资源发挥最大的作用。企业一旦明确了利润贡献最高的20％的客户，它们就会立即简化管理层的任务。

为了掌控那20％为企业带来大部分利润的客户，企业要力求搜集到的客户资料详尽真实。如了解这些重点客户购买了什么产品，在什么地方购买的，以及他们支付的价钱等等。基于这些细节问题，公司就能够确定产品销售、开发和定价策略。

另外，公司在安排销售工作和营销人员时也常常犯一些错误。

公司应当在不同的客户群体中安排不同的销售人员，并且采取一些相应的激励措施。美国的金融服务公司已经深刻认识到了客户间存在很大的差异性，也认识到需要在不同的客户身上采取不同的策略。它们于是使用最好的经纪人为顶级客户提供高质量服务，这样做可以帮助金融服务公司留住那些高利润贡献率的客户。

二八管理决策法则

二八管理法则的要旨在于把握20%的经营要务，明确企业经营应该关注的重要方面，从而指导企业家在经营中抓住重点、全力进攻、以点带面，以此来牵住经营的"牛鼻子"，带动企业各项经营工作顺势而上、取得更好成效。

有所为，有所不为

可以简而言之，二八法则所提倡的指导思想，就是"有所为，有所不为"的经营方略。将80/20作为确定比值，本身就说明企业在管理工作中不应该事无巨细，而要抓住管理中的重点，包括关键的人、关键的环节、关键的岗位、关键的项目。那些胸有大志的企业家，就应该把企业管理的注意力集中到20%的重点经营事物上来，采取倾斜性措施，确保重点突破，进而以重点带全面，取得企业经营整体进步。

这一企业管理法则之所以得到国际企业界的普遍认可，就在于它向企业家们揭示了这样一个真理，要想创建优良的管理模式，为企业带来效益，就要使自己的经营管理突出重点，就必须首先弄清楚企业中20％的经营骨干力量、20％的重点产品、20％的重点客户、20％的重点信息以及20％的重点项目到底是哪些，然后将自己经营管理的注意力集中到这20％上来，采取有效的措施，确保关键之处得到重点突破，进而以重点带动全局。

美国、日本的一些国际知名企业，经营管理层都很注重运用二八法则进行企业经营管理运作，随时调整和确定企业阶段性20％的重点经营要务，按照二八法则指导的那样，力求采用最高效的方法，使下属企业的经营重点也能间接地抓上手、抓到位、抓出成效。

这也就是为什么美国和日本的企业虽然很大，却管理得有条不紊，而且效益优良。二八管理法则的精髓就在于使那些重点经营要务在倾斜性管理中得到突出，并有效地发挥带动企业全面发展的"龙头"作用。

从他们成功运用二八法则的经营实践中，我们应该得到两点教益：

其一，明确自己企业的20％的经营要务是哪些。

其二，明确应该采取什么样的措施，以确保20％的重点经营要务取得重大突破。

管理者的精力应放在关键问题上

我们已经明白，用20％的付出，就能获取80％的回报，下面的问题是，那 20％的努力和工作是什么？我们应该怎样去做？

在公司管理中，要运用二八法则来调整管理的策略，就要首先清楚掌握公司在哪些方面是赢利的，哪些方面是亏损的，只有对局势有了通观的了解，才能对症下药，制定出有利于公司发展的策略。如果不了解公司在什么地方赚钱，在什么地方要亏损，脑袋里是一笔糊涂账，也就无从谈起二八法则的运用。而那些琐碎、无用的事情将继续占据你的时间和精力。所以首要的任务是，对公司做一次全面的分析，细心检视公司里的每个细微环节，理出那些能够带来利润的部分，从而制定出一套有利于公司成长的策略。

你要找出公司里什么部门业绩平平，什么部门创造了较高利润，又有哪些部门带来了严重的赤字。通过这些分析比较，你就会发现有哪些因素在公司中起到举足轻重的作用，而另一些则在公司中的作用微不足道。

在企业经营中，少数的人，创造了大多数的价值；获利80％的项目只占企业全部项目的 20％。因此，你应该学会时刻注重那关键的少数，提醒自己是否把主要的时间和精力放在了那关键的少数上，而不是用在获利较少的多数上，泛泛地做无用功。

然而在现实的商业活动中，许多企业家还没有认识到二八法则的作用，他们依然在用陈腐的旧观念进行经营管理，认为企业内所有的一切都应该倾注全部的精力。他们在许多事情上总是不分主次、一概而论，结果耗费了80％的资源和精力，却只产生 20％的价值。

认识二八法则，不只是要你树立几个重要观念，更重要的是要把这些重要观念转化成习惯，进而用二八法则的方式进行思考，用二八法则的方式行动。

本田的"狂人口号"

要想促进企业快速成长，就要善于运用二八法则。

然而很多人对这种说法都持怀疑态度，因为企业超速发展这种现象本来就是异常现象。而且，二八法则对很多人来讲都还比较陌生，很多人对它的作用不置可否。

如同一个人一样，企业的成长也应该是要遵循一定的客观规律。倘若真的能够实现超速成长，那么就违背了客观规律，肯定会相应地带来负面效应。

然而，作为在现实社会中客观存在的一条真理，二八法则确实能为企业的发展壮大助一臂之力。当然，二八法则发挥作用，是要有先决条件的。在一个企业里，二八法则实施的前提是要有意志坚定、远见卓识的领导人。

权力是凝聚一个组织的核心力量，权力意志是企业的一个基本意识，权力意志也就是支配意志，是一种要求对企业运行、对企业命运和对社会财富进行支配控制的意愿和能力。

20世纪50年代初，日本本田公司还是一个资产不过百万的小公司，但是他们的领导人本田宗一郎和藤泽却立下雄心壮志，他们对自己的产品充满信心，大胆鼓吹本田公司要成为日本第一、世界第一，人们因此讥笑这两个人是"狂人"。然而如果仅仅喊口号，理想只不过是痴心妄想，是白日梦，只有在伟大信念的支撑下努力行动，理想才有可能实现，本田公司的过人之处，就是能够把这种狂妄落实到脚踏实地的行动中去。

具有领袖意志的企业家这个前提条件确立后，接下来人们最关心的便是如何实现企业超速增长。

遵循二八法则是实现这一宏愿的必备条件，要勇于开拓企业视野，要勇于做到全世界最好的信心，要坚信能找到为自己的成功能助一臂之力的条件，如那些最好的思想、最好的人才、最好的机遇、做最好的联合。有了这种高效率的结构，可以省略大部分自我积累的过程，走便捷之路，把企业外部的各种资源充分组合，发挥作用，为我所用，实现跳跃性发展。

世人皆知的麦当劳全球快餐连锁店的成功诀窍之一，就是运用了二八法则。

麦当劳有 2/3 的分店是特许经营店。这些分店都由当地加盟的投资人出资，并由投资人承担管理与经营活动，同时承担投资风险。如果一年开设 500 家分店，全由麦当劳自己来做，就需要投资数亿美元，还要招聘、培训 2 000 多名员工，要想妥善管理这么一个庞大、复杂的体系，有条不紊地处理这么多的工作，其中的困难可想而知。

开设连锁店是当今商业社会一种新颖的方式，很多企业采取了连锁的方式，却都以失败告终，导致他们失败的重要原因是没有做好有决定作用的 20％ 的内部工作。而麦当劳 20％ 的工作，如超值商品体系、品牌创造与总部管理，运营得非常出色，也就是既成功地利用了外部资源，又为客户创造并提供了最好的、独特的服务。

如何吸引更多的投资者（包括员工）在最短时间拿出更多的资金进行投资？唯一正确的做法是，给予投资者高于常规比率的权益、报酬。常规权益分配观念，是自己占大头，别人占小头。采取二八法则的权益分配策略，即原则上让对方得大头，自己得小头。这种策略，不但能够快速扩大规模，而且可以让合作者分担更多的责任和风险。

打造全新的公司

二八法则不仅对公司营销与利润分析起作用，而且还能积极引导公司下一阶段的发展方向。

在正常的商业经营中，人们都有这样一个错误的认识，即自己的公司和团队已经竭尽所能了，自己所生产经营的产品已经在市场竞争中有了相应的表现。

如何克服这些错误观念的误导呢？创新是行之有效的手段，它甚至能直接决定公司未来竞争的胜负成败。

如何才能做到创新呢？

二八法则已经明确地告诉我们，在市场经济中，80%的利润是被20%的公司获取了。那么，他们是怎么获取这80%利润的呢？他们做了哪些工作呢？

另外，我们都知道市场上利润最高的行业是房地产和制药业，我们就需要思考一下，为什么自己所处的行业不能创造这样的高利润呢？

最后，顾客对于公司80%的认知，是由于公司平时20%

作为产生的。那么，这20％的作为是什么？其余80％为什么不能产生如此的效应？是什么因素让你无法做得更好？

如果能从以上的问题中得到答案，也就发现了创新的途径。

通过分析，发现管理规则

多年来，管理学院、会计公司和咨询公司造就了大量的专业管理者和经理人，他们搜集大量的资料，详细系统地分析管理中的一切现象和问题。

分析是发现事物规律的有效手段，人类历史上运用分析得出的重大结论不胜枚举，如人类登陆月球，或者战争中的炸弹投掷等等。在管理工作中也要善于运用分析，然而，分析并不是针对任何问题都起作用的万能药：过多地依赖于客观分析，不仅会使公司在分析之后陷入瘫痪，也可能导致那些颇具规模的大企业向不良的方向发展。很明显的例子就是，一些咨询公司根据数字进行规划，结果导致企业盲目增员，造成企业剩余劳动力拥挤，又不得不裁员，这样的恶性循环实在是劳神伤财。

还有一些问题是用分析根本无法解决的，例如，你的公司开发了一种新产品，市场效益还算比较好，但一个月之后，另外一家公司模拟你的产品，制造了一种与你的产品不相差别的产品，而且暴赚了百万美元。很大部分原因就是由于销售渠道不畅，渐渐地被这些后起之秀打败；也可能是一个无关紧要的小事，无形中得罪了你的一些大客户，他们舍弃了你……这样的事情如果发生了，你就算做再多的精密分析，搜集再多的资料，也不会使问题得到根本解决。

所以，有时候分析反而阻挡了企业发展的视线，那些总裁和最高经理人，最终也被分析师们从自己的位置上"分析"掉了。

任何事物都不是完美无缺的，所以任何事物也不是完全值得依赖的，过分地相信完美的分析也会出问题。二八法则虽然也是分析式的方法，而它的宗旨是：分析不是我们的目的，分析是我们的手段，我们只需要利用有效的分析。

因此，在某些情况下，直觉和眼光反而是正确的，要找出问题的根本点，而不在无用的地方浪费精力。不妨抛开数字和分析，从以下这些问题着手：

——哪个地方出现了问题，而我们的预计原因错在哪里；

——顾客最满意我们提供的什么额外服务；

——什么事物常常给我们一些意外的惊喜；

……

二八法则体现了分析的真正精髓，它具体表现在：

——看起来你在不断地努力，但你对于80%努力的意义都不明确；

——你没有必要冥思苦想为什么事情会变成眼前的样子，你要明白的是，你所做的事情中，哪些能派上用场，或者能够真正产生效益，然后保留它，并为此多付出些；

——在世界上，只有20％的事物能真正产生有用的结果，其余80％基本上是无用的；

——在你的所有努力中，产生利益的其实只有一小部分；

——我们最终的收获往往不是所见到的，促使我们成功的可能是那些潜藏的力量；

——有很多我们匆匆忙忙从事的活动，都没有什么实际意义，都是在浪费时间，对于所要达到的目的起不到什么作用。

质量和库存的二八管理法则

戴明和朱伦品质管理

品质管理是二八法则在企业经营管理过程最早应用的领域。品质管理大师朱伦和戴明都坦言自己接受了二八法则的许多观点。

品质革命是一场应用了统计和行为技术，以较低成本来生产较高品质的改革运动。它的目的，是做到产品零缺陷，而现在许多产品几乎已达到此目标。自1950年后，品质管理运动提高了生活消费品和其他产品的质量与价值，可以说是全世界高生活水准的最重要动力。

1950年到1990年间发生的品质革命经历了一个十分有趣的过程，其两位大师朱伦与戴明，都是美国人（朱伦出生在罗马尼亚），分别是电子工程师和统计学家。第二次世界大战之后，他俩分别提出了自己关于品质管理的思想和理论，但得不到美国任何公司青睐。朱伦在1951年出版了《质量管理手册》一书，后来被誉为质管运动的圣经，但是当时却反应平平。唯一感兴趣的是日本，为此朱伦和戴明两人在20世纪50年代移居日本。他们披荆斩棘地努力，使当时的日本从只能产出劣等产品，转变成拥有高品质和高生产力的国家。

一直到日本产品如摩托车和影印机等打入美国市场之后，大部分的美国及其他西方发达国家的公司才开始严肃看待质管运动。从20世纪70年代起，朱伦、戴明和他们的弟子开始传播西方的品质标准，这时西方国家的品质水准获得了极大的提高。

二八法则是质管运动的一大关键，朱伦则是二八法则最狂热的信仰者，他将二八法则称为"帕累托法则"或"关键少数规则"。在《质量管理手册》的第一个版本中，朱伦认为，"退货"（因品质不良而遭退回的产品）并非起因于一大堆的因素："其实，退货损失总是分布不均；很高比例的品质损失是一小部分的产品缺失造成的。"

他在注释中提到："经济学者帕累托发现，财富也是以同样方式出现不平均的分配。例证还有很多，如犯罪行为在罪犯身上的分布，意外事件在冒险过程中的分布等等。帕累托法则的不平均分配假说，同样可以用在财富分配及品质损失的分配上。"

朱伦把二八法则应用在统计式的品质控制上，方法是辨识造成品质未达水准的问题点，并把各因素依重要性由高往低排列——最重要的是导致80%的品质问题的20%瑕疵。

朱伦和戴明都逐渐采用了"二八"这一概念，他们鼓励大家，对于引起产品问题的一小部分瑕疵，要做仔细判断。一旦辨认出那"关键少数"的瑕疵来源，便要全力处理这些问题，而不是一次处理全部的问题。

质管运动从一开始的强调品质"控制"，进步到认为产品本身就必须有品质，再到全面品质的管理，以及更为精细的软件运用，这一路走来，二八法则的分析技术已成长许多，时至今日，几乎所有的质管学者都熟悉二八法则。

企业界到底有多少人知道二八法则，我们很难计算，但许多成功的公司和个人都遵循二八法则行事，大部分的企管硕士也都听说过这个法则。

在《国家生产力》期刊的一篇文章中，雷卡多 (Ronald J. Recardo) 说："是哪一项不利因素阻隔了你的主要消费者？这里，就和其他许多的品质问题一样，帕累托法则也同样适用：如果你弥补了决定性的20%品质管理的缺失，你就得到80%的利益了。这80%，一般说来，来自你突破性的改进。"

还有一位专门讨论组织转变的专家提出："对于企业经营过程中的每个步骤，请大家扪心自问，该步骤是否真的有价值，是否给其他步骤提供了必要的支持。如果它既无价值又对其他步骤无任何支持作用，那么它就是无用的，请删除它。这就是二八法则，重述一次：完全去除这类无用步骤的开支，现在马上着手改善吧。"

福特电子公司因在质管上运用了二八法则，而赢得辛戈奖："零库存过程中使用了二八法则，而且最常把花费最高的20%拿来分析。"

二八法则也逐渐被运用到产品设计和开发上。比如说，在一篇评论美国国防部全面品质管理的文章中，有这样一种说法："研究过程所做的决策，已经确定了周期中的大部分的花费。二八法则可以描述其结果，因为80％的经费通常都用在开发时间的20％。"

品质革命对于顾客的满意度和价值感，对于个别公司的竞争地位，甚至对于国家的影响，平时很少受到注意，但其实是非常巨大的。对品质革命来说，二八法则是一股"关键少数"的力量，但二八法则的影响力不止于此。品质革命与继之而起的另一波革命，两者一同造就了今日的全球消费社会；在这第二次革命中，二八法则也是主角。

20％的瑕疵和80％的品质问题

如果对公司里那些因品质不良而遭退回的产品进行分析，你就会发现，"退货"并非是由很多因素造成的。其实，退货损失的分布是不均衡的，很多情况下，一小批不合格的产品而导致了大量产品的退货。

由此，我们可以引发到品质管理问题。品质管理是二八法则在企业经营管理过程中最早应用的。

品质管理形成于最初的品质革命，其目的是达到产品零缺陷——当然，产品零缺陷这个问题在现代商品社会基本上被克服了。

第二次世界大战之后，美国品质管理大师朱伦与戴明分别提出了关于品质管理的思想和理论，但都遭到了驳斥，当时的社会是不予接受的，美国没有一家公司看好他们的理论。为此，朱伦和戴明移居到对他们的思想和理论感兴趣的日本，采取大量减少产品缺陷和降低制造成本的举措，经过努力，在日本缔造出很多拥有高品质和高生产力的企业。

后来，众多商品都是在品质革命的引导下，其质量和价值有了显著提高，成为人们高生活水准的最重要的保证。

朱伦认为，二八法则是品质管理运动的一大关键。他说："帕累托发现，财富也以同样的方式出现分配不平均的现象，这一不平均分配假说，也可以用在财富分配及品质损失的分配上。"通过研究产品达不到标准的因素，他发现，问题的关键在于20%的瑕疵导致了8%的品质问题。

正是由于这一少部分瑕疵，使大量的产品受损，所以，应该把主要工作做在寻找那"关键少数"瑕疵的来源上，通力克服解决，而不必一次性将所有问题都摆在日程上。

如前所述，如果弥补了具有决定性的20%的品质管理缺失，你就可以得到80%的利益。

福特电子公司把二八法则运用在品质管理上，取得了显著效益。他们根据80%的价值分布在20%的数量中的规则，在实现零库存管理过程中使用了二八法则。他们常常把费用最高的部分作为分析的主要对象，再加上制造周期的分析也是直接利用产品线来完成的，如此一来，就减少了90%的制造时间。

品质管理运动对产品与顾客满意度的影响也是很大的，这一点经常被管理者忽视，它不仅可以决定一个公司在市场竞争中的生存状态，甚至会对一个国家都将产生深远的影响。

对品质管理运动来说，二八法则是一股"关键少数"的力量，而它却造就了今日的全球消费社会。

良好的库存管理非常重要

企业越来越多,产品也就越来越多,产品的种类也更加丰富,市场竞争也越来越激烈,这样势必造成存货。但存货也不是永远卖不出去,所以一个企业如果从长远来看,搞好库存管理也至关重要,它可以检阅企业内的现金流量或利润,也可以反映公司在经营方面潜在的问题。

与二八营销法则一样,库存管理也潜意识地依循着二八法则,即在一般情况下,有8%的库存产品,其实只能带来20%的利润。而这些大量价值不高的80%产品,不仅占用了企业大量的资金,而且还要消耗大量的人力。

一项调查统计显示:一家批发商店中20%的商品,占一天出货量的75%,这20%的商品,大多都是批量订货,具有很高的利润。其他的80%,只占一天出货量的25%,而且这些商品的定货量很少,几乎没有什么利润可图。

还有一项统计更让人瞠目结舌:某一商店内,有0.5%的商品,占了70%的出货量。也就是说,这0.5%的商品,比剩余99.5%的商品获利都高。

因此,如果妥善进行库存管理,就很容易对上面的情况做出调整。管理者就可以果断做出决策,改造或者废除那些不赚钱而且出货频率慢的货品,把它们从产品线上撤销。同时,把那些出货频率高的商品尽量放在方便挪动的位置。

那些优秀企业的库存管理系统关注关键的20%顾客,他们把目光放在单纯的产品线上,以单纯的方式管理和运送货物，事实不断证明，他们取得了极大的成功。

如果能够把库存管理出现的问题和成本，转到供应商或顾客身上，做到零库存，当然是最理想的解决方式了。随着现代信息技术的发展和物流体系越来越完善，零库存目标的实现也为期不远了。

单纯比复杂更有优势

有这样一句话："经理人爱复杂，因为复杂让经理人觉得工作起来乐趣无穷。"此话虽然有些夸张，但是经理人确实习惯把问题复杂化，这似乎已经成为了他们的工作习惯。

似乎众多的企业经营管理者都喜欢庞杂的程序，一旦公司有了一些发展和成就，管理者就会开始忙着让公司变得复杂。而形成复杂局面的结果是：公司的利润大幅度减少了。

他们忽略了这样一个关键：复杂的基本性质就是麻烦，而麻烦势必会带来问题。

二八法则告诉我们，20％的产品创造了企业80％的利润。但很多管理者出于这样那样的顾虑，都难以割舍不能为公司带来利润和利润微薄的那80％的业务。他们保留这个庞大的累赘有自己的理由，而且这些理由看起来也合情合理：公司的日常开销有赖于这80％的业务，我们不可能把日常开销减掉80％，一旦除掉这80％的业务，势必会造成利润减少。

在这种情况下，企业分析师也难以对抗管理者的固执，管理者通常算计了又算计后，抽出那些少量的问题最大的业务进行管理，而对那些能获高利润的业务只做很少的工作。这种情感上的妥协把企业带入了更加复杂的泥潭，企业的步伐越来越沉重，亏损也就成了自然而然的事了。

理论上讲，信誉度和市场占有率都很高的大厂商，应该会比市场占有率低的厂商有更高的利润。但实际上我们却看到：大厂商被小厂商抢走了市场；大厂商产品的销售在扩大，而获利和资金的回收却在下降；最终大厂商并没有凭借规模和市场占有率的优势获得较高的利润……

这一切都说明了一个问题：复杂只会带来包袱！

规模不是决定企业发展和获利的主要问题，复杂才是真正潜伏在背后的杀手。

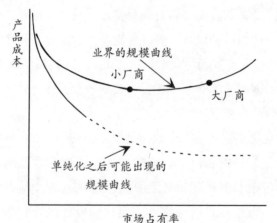

复杂的代价

加大规模不等于要把规模变得复杂，加大规模的同时把事物整理得更清晰条理，才能够降低成本，从而获得更多的利润。然而，企业的规模增加后，管理者总会喜欢把现有产品加以翻新，或是提供新产品和新服务。这样做必然会增加开销，而开创新业务带来的收益又无法填补。如果再采取吸引新顾客的举措，费用还会变得更高，事情会变得更加复杂。

柔默 (Gunter Rommel) 先生认为，一个产品类型少、顾客数目少、供应商也少的单纯组织，最适合销售复杂的产品，也更容易成功。因为，成熟与单纯的业务，可以获得惊人的利润。

减少产品的类型、顾客的数目和供应商的数量，不但可以让你专注于能获利的活动和顾客上，而且也不会因为处理复杂的局面而增加营销方面的支出，还能节约人力和管理成本。所以说，如果你的企业只有一条产品线，你就不需要建立总公司，也不需要开设地区性的分公司，这样，就不会削弱真正为顾客提供价值的责任和动机，从而会集中精力把工作做在能获取高利润的事情上面。

另外，事情变得单纯起来，企业管理者也就可以一心一意考虑顾客的需求和服务，而不是终日为复杂的人事所累。这样既赢得了客户，提高了利润值，人工作起来也会更加轻松愉快。

所以说，单纯化不但可以降低成本，而且能够增加产品的价值。因此，单纯的业务也总是比复杂的业务更有优势。

对任何企业来说，规模通常是有用的，业务大一些总是好的，但只有又大又单纯的规模才能创造丰富的利润。

人力资源管理的二八法则

发现"关键的"人力资本

二八法则也适用于人力资本管理。

实践表明，一个组织的生产效率和未来发展，往往取决于少数（比如20％）关键性的员工。这些人可以为企业获取大部分的价值。

我们惯常的观念是，为企业的发展做出主要贡献的是公司的大部分员工。实际上，大部分员工看起来都很忙碌，但并没有为公司创造什么利润；为企业或公司做出主要贡献的其实是小部分人，是这20％的人为公司创造了大多数利润。

按照二八法则进行人力资源开发，首先要找到公司这20％的关键人物，为了找出他们，企业需要做一次全面的二八分析，其中包括：

产品或产品群分析；

顾客和顾客群分析；

部门及员工分析；

地区或分销渠道分析；

财务及员工收入分析；

与企业员工相关的资料分析等。

通过种种分析，我们会发现哪些人是重要的，而哪些人在公司的整个价值增值过程中所起的作用微乎其微。

运用二八法则管理人力资本，有可能使组织中人力资本的使用效率提升1倍。如果管理者无权或无力构建基于新规则的新制度，那么，在现行制度下局部地使用二八法则，也有助于组织目标的实现。

发现"关键少数"员工，其实就是要发现对公司没有贡献的大多数"敌人"。人力资本不像管理成本和营销成本，是看不见、摸不着的，这就需要管理者要有"伯乐"的眼光，找出那些真正能为公司出谋献策的人。为了找到合适人选，许多组织不仅要支付发现成本，而且还得冒因"招聘失败"而导致价值损失的风险。

一般而言，所选人员职位越高，所付成本或所冒风险就越大。招聘CEO、CFO等这些高级管理人员，可以委托专业"猎头公司（Head Hunter）"进行。这样做可能会拿出所得到人才年薪的25%来支付猎头公司的服务费，虽然这些费用非常昂贵，但对公司和企业来说，找到真正优秀人才的可能性比较大，而且比自己亲自找方便省力。

发现"关键少数"成员固然十分重要，但如何把这少数的精英分子组合起来也不可忽视，只有让这些精英分子团结起来，拧成一股绳，才能充分发挥他们的才能，建立一支办事效率高的队伍。

建立团队，就是要把每个人的能力、经验、态度和价值整合在一起。团队具有紧密、完整、协调等特征，通常可以产生大大优于离散个体或松散群体之和的效率或力量。因而，在日趋激烈的国际化竞争环境中，团队正逐步成为社会经济活动的主流工作方式。

一个组织的存在与发展，取决于多种内在与外在变量。但是，在决策、管理和创新三个最重要的环节上贯彻团队精神，落实团队工作机制，无论对于企业，还是事业单位，都是成功的必要条件。

投资"关键少数"成员的人力资本是必要的，但需要建立有效的收益权实现机制，以防止人员流失所带来的损失。在目前的条件下，投资方与被投资方采取自愿选择、签约投资、履约使用、违约赔偿等原则，这些应该是组织维护收益权的最佳方式。

对组织中的"关键少数"成员和由"关键少数"成员构成的团队，要实行动态管理，即实行优胜劣汰制度，勇于启用优秀人才，淘汰不合格员工，建立具有魄力的管理制度。这是维持组织人力资本活力，并进而保持组织核心竞争力的必要条件。

抓住重点，善于授权

诸多成功人士的经验证明，要想成为企业界的领袖，或想取得某项事业的成功，就必须具备发掘优秀人才的眼光，也就是要"慧眼识真人"。充分利用优秀人才为自己服务，已经成为成功者的必备条件，再聪明的人，单枪匹马作战也不会取得太大的业绩。

二八法则本身就说明企业管理不能用一样的眼光看待所有的员工，让大家吃大锅饭，这样做的唯一结局是，伤害了优秀者的激情和才干，滋养了平凡之辈或懒散之人的侥幸心理。要想做好企业管理，就要抓关键的人、关键的环节、关键的岗位和关键的项目。也就是说，管理者要把主要精力放在20%业务骨干的管理上。抓好了企业发展的骨干力量，再以这20%的少数带动80%的多数，以提高企业效率。

近些年，市场导向和资本的纽带作用把一些相近、相似、相连的企业联合起来，组成大企业集团。企业大了，经营管理起来也就复杂，小企业"人盯人"的管理办法自然拴不住大企业这样的巨兽。

一些管理者过去管理一个数百万元产值的企业游刃有余，如今经营起数千万元、数亿元产值的企业，却显得茫然失措。千头万绪，他们不知从何下手，这是令许多企业家困惑的问题。家大摊子大，摊子大业务大，业务大投入精力就多。如果把握不住工作重心，抓不住经营关键，什么事都想揽，什么人都想管，什么账都想算，什么行当都想入，那么，这个企业很快就会成为一个"大而全"的"第二政府"，这个经营者可能成为一个大权独揽的"孤家寡人",下属也没有任何积极性可言。

现在,一提到经营管理怎么抓,经营者们就会不约而同地说:"突出重点"。这个简单的道理大家都懂得,可是操作起来就没有那么容易了。在实际工作中,不知不觉就又把所有人都看成一般齐,每个人分到的粥都一样多。二八法则的神奇之处就在于确定了经营者的大视野:关注20%的骨干力量、20%的重点产品和重点用户、20%的重要信息、20%的重点项目。抓住了这几个20%,整个工作就会变得有条不紊,经营者也就可以有头有绪地开展工作了。

一位商界名人颇为得意地说自己的成功得益于他有"伯乐识千里马"的眼力,这种眼力使得他能为每一个职员都安排其力所能及的位置,让他们充分发挥自己的才干,而且还要他们明白自己工作的意义和重要性,这样,员工干得起劲,公司的利益也一路见长。员工无须别人的监督,就能把事情办得有条有理、十分妥当。

20%的骨干力量,并不能把每件事情都做得很好。他们不是样样精通的"万能手",而是专业人才,他们对自己的专业和工作轻车熟路,而且非常具有创造性和开拓能力,不拘泥于做好分内的事情,还时常有创新的点子,他们能够自动自发地做事情,为公司创造财富的同时也受到老板和上司的赏识,自然,他们的薪金也相应地增加了。

一个合格且优秀的管理者,应该对每个雇员的特长了如指掌,而且善于利用他们不同的特长为公司服务。在其位,他们自然就会谋其事。那些不善于管理的人往往忽视这方面的事情，他们总是为一些鸡毛蒜皮的小事而舍弃或冷落一个有能力的人，殊不知这样伤害的最终是自己的利益。

我们看到很多成功了的总经理、大主管的工作都很清闲，他们很少待在办公室，常常在外旅行或出去打球，但他们公司的业务依然稳步向前，任何时候都不会乱了方寸。他们的管理秘诀只有一条，即他们善于把恰当的工作分配给最恰当的人。

比尔·盖茨的企业可谓之"大"，他却可以常常"周游列国"；巴菲特的企业可谓之"大"，他却"几乎每星期都要欣赏两部以上的电影"。就是这么一些"清闲"企业家，领导的企业却红红火火。

原因在哪里？——他们抓住了关键的 20%。

对经营者来说，放不下权力就不可能形成真正的职业化经营。老板自己累，他的员工工作时间长了也觉得无趣，企业效益裹足不前，从这个意义上讲，二八法则告诫了企业的管理者要"有所为，有所不为"。

企业若想实行分权而治，就需要让一个当家人变成多个当家人，一个积极性变成多个积极性，一条经营渠道派生出多条经营渠道，把无序领导变为规范指挥。高层只管公司战略，不越级指挥。一个下级只接受一个上级的命令，而不被多个管理人弄得晕头转向。按管理跨度原则，企业内部自上而下的管理命令和自下而上的请示汇报都有明确路线和程序，防止相互扯皮和滋生矛盾。

提携部属，增加力量

每个人都是这个社会的一分子，没有人是孤立存在的，人与人之间形成各种复杂的联系，在做任何事情上，也必然存在能够帮助我们的人。如果你懂得运用别人的学识、经验、能力及影响力为自己的行为做事助一臂之力，成功就不会显得那样遥远和艰难了。

艾迪·利肯贝克上尉认为他最大的个人资产是"能够使别人乐于让我运用他们的大脑。"

记住，雇用他人，与人密切合作，互补长短，一定会比一个人单枪匹马地奋斗要省力得多，同时取得的成就也更大。

如果你是一个企业主，可以得到所有的价值，而你的产值是一般同业企业主的产值的 5 倍。那么，你就会有比别人多 400 个单位的"剩余价值"。另外，你如果雇用 10 名专业人才，他们创造的价值是平均产出的 3 倍。那么他们的个别产值是 300 单位，而成本是 100 单位，因此，你可以从每个员工身上获得 200 个单位的"剩余价值"。雇用 10 个人，就可以获得 2 000 个单位的"剩余价值"，加上自己创造的400 单位，所以你的总利润是 2 400 个单位，是雇用帮手之前收入的 6 倍。

所以，在你雇用的人当中，即使是表现最不好的，也能产生比不雇用他还要高的产值，可能出现 20/80 或 30/70 的分配。

雇用他人之后，还要懂得如何管理和使用自己的部属，部属其实就是潜在的宝藏，善于管理他们要像管理自己的账本一样，价值才能保留和提升。

为了使部属与你既要有上下级这样的关系，同时还要与他们和睦相处，并使自己在他们心中占有不可或缺的位置，你一定不要吝于提携部属。而提携部属不但能让一个有才干的人好好施展才华，更重要的是这个被你提携的人将对你感恩戴德，会忠心耿耿地支持你！

提携的方式主要有以下 6 种：

——让他升官。这是最明确、也最为人所认同的提携，但前提是他要有这样的才干，碍于情面的提升不仅于事无补，反而会成为你日后的负担。

——调整他的职务。不一定让他升官，但可以把他调到最适合发挥他才干的位置上，在兴趣和成就感的趋势下，他一定会把工作做得很好。

——让他有自主决定的权利。不要对他有三禁五令，不要束缚他的手脚，不要过多地干涉他的想法和创意，让他可以独立自主地做，磨炼他的意志，给他一个充分展示的舞台。

——替他解决困难。成功的管理人模式都是很人性的，对下属永远一副生硬的面孔，除了会拉开彼此之间的心理距离，工作产生不了默契，别无他用。急下属之所急，帮助他解决困难，他日后必会为你效犬马之劳。

——帮他脱离危险。在悬崖前拉他一把，让他免于毁灭或受伤。

——鼓励他。在他灰心的时候、遭遇逆境的时候、被小人打击的时候，在精神上支持他、鼓励他，让他振作起来，这种鼓励会深入人心。

不过，在提携下级时，你也要有心理准备，任何人都不能保证看人做事万无一失：

——承担风险的心理准备：看人不可能百分之百准确，有时也会把庸才看成将才，也会因个人的好恶而发生错误，因此你提携了他之后，有时候会有被拖累、背叛的危险。

——承担流言蜚语的心理准备：提携的动作过大或过广，会被人认为是在培植势力，以至引起别人的反感和抵制，在大的团体（如政府单位和大企业）里这种情形尤为常见。

总之，任何事情都是有利就有弊，但提携下级这件事对个人来说，是利大于弊的，但也不能因为有弊就拒绝提携有才干的下级。很多企业家、政治家一直有忠心耿耿的属下追随，都是因为他们乐于提携，除了用物质利益吸引下属之外，更多的是用人情绑住了他们，利己利人！

留住最优秀的员工

如果你在统计销售业绩时发现，20％的销售人员创造出了80％的利润，你不必惊讶，这时应该做的是紧紧留住这些顶尖销售员。

微软老板比尔·盖茨曾开玩笑似的说，谁要是挖走了微软最重要的约占20%的几十名员工，微软可能就完了。这里，盖茨告诉了我们一个秘密：一个企业持续成长的前提，就是留住关键性人才，因为关键人才是一个企业最重要的战略资源，是企业价值的主要创造者。在这里，这些顶尖销售员就是关键人才。

留住你的顶尖销售员，让他觉得这不仅仅是为了赚钱而已。

要让他们知道，你是很重视他们的，希望与他们长期合作，要建立这样的默契和对彼此都有利的承诺。尤其在组织进行调整、转型与变革时，这一点相当重要。由于他们拥有专业的技能和丰富的经验，跳槽对他们来说也是轻而易举的，同时，他们也常常是猎头们猎取的对象。

顶尖销售员的流失有时对一个企业来讲是致命的。因此，在任何时候，你都要和他们保持良好的沟通，这种沟通不仅是物质上的，更是心理上的，让他们觉得自己在公司具有举足轻重的地位。如果他们感觉到老板对自己的赏识，心中会升华一种责任感，从而愿意与公司共进退。

一家西方知名公司的 CEO 刚刚着手实行了一项革命性的举措——部门经理每季度提交关于那些有影响力、需要加以肯定的职员的报告。这位 CEO 亲自与他们联系，感谢他们的贡献，并就公司如何提高效率向他们征求意见。通过这一举措，这位 CEO 不仅有效留住了关键性的人才，还得到了他们对公司的持续发展提供的大量建议。因此，对自己的顶尖销售员，你也应该如此。

同时，提高这些顶尖销售员优良的工作素质，多雇用优秀销售人员，让他们与自己的顶尖销售员待在一起，进行优势组合，他们彼此会被对方的工作精神所感染，从而互相激励，互相促进，这样做将会有效地壮大自己的后备军。

另外，要仔细分析顶尖销售员在什么情况下业绩最佳，在那段时间内，他们是如何工作的。因为即使是一个顶尖销售员，他的业绩也不是每个季度、每个月都一样的。根据二八法则：每一位销售员，在他们20％的工作时间创造了80％的业绩。以此来分析他们在那个时间内创造佳绩的原因。

你也许会问：对表现差的那80％的销售员该怎么办？花力气去训练他们，希望他们受训后业绩能够迅速攀升，到底值不值得？这样做会不会只是浪费时间，而最终徒劳无功？

其实这些问题你不必考虑，你要训练的是那些你打算长久留在身旁的人，而随时准备让他们走人的员工，训练后才真是徒劳无功。

让顶尖销售员来训练你打算留下来的人员，经过一个阶段之后，在受训人员中淘汰掉表现较差的一部分，只保留表现最好的20％，把80％的训练计划和精力放在他们身上，力争让他们也成为公司的顶尖销售员。这样长江后浪推前浪，整个公司的销售业绩也就上升了。

商业谈判的二八法则

在一场谈判中，80％的争论是围绕着20％的分歧产生的。

人们总希望自己能说服对方，有时候不惜为了无足轻重的细节而争吵不休。如果对方，哪怕是做了一点点小的让步，也会使自己变得非常高兴。因此，在谈判中，有技巧的谈判者总是故意在无关紧要的环节上退让，以换取对方的信任，而在重要的环节争取最大的利益。

如果，你要与生产厂家谈10项产品的订购，而这其中只有两项是最重要的，而这20％的项目却占整个订购总价格的80％。这样，你就应该把考虑的重点放在这两项产品上。但谈判一开始，你却要在看起来并不重要的80％上付出足够的关注，仿佛它对你很重要，并在对方力争时，做些适当的让步，以此来作为重要项目谈判的筹码。

如果你负责催收一笔拖欠很久的款项，与对方约在下午3点钟见面，而他在4点钟还有一个很重要的会议。那么，先别心急，真正的结果可能产生在 3 点 50 分。不要太早向对方提出你此行的目的，以便给他足够的回旋空间。

与此类似，通常在谈判过程中 80% 的让步，出现在谈判最后 20% 的时间里，这时再提出额外的要求或问题，双方都比较有空间，也更容易接受。因为时间可以对谈判双方造成巨大的压力。如果谈判一开始就直逼对方，很可能会导致谈判终止。

要增加谈判时间

毫无疑问，业务上的谈判是一个经营者最重要的工作之一。然而，经营者花费在"公司内部业务"上的时间比我们想象的更多。

例如，在每天从上午 9 点到下午 5 点的 8 小时工作时间里，除去吃饭开会，写公司内部报告等时间，到底还有多少时间用于纯粹的谈判？

把二八法则应用于 8 小时工作时间，480 分钟乘以 20/80 + 20=96 分钟，也就是大约一个半小时的时间。当然，去谈判路程上花费的时间并不计算在内。所以，我们应该再投入更多的时间运用于我们能够取得成效的谈判工作。

尽管人们常说不同公司生产的同一种商品是有差别的。但是，商品之间的差别永远没有我们想象的那样大，我们所要做的就是增加谈判时间，争取能够获取的每一项业务，以取得更大的收益。

各取所需

在许多谈判中，由于缺乏充分的沟通，谈判双方不明白对方真正需求的是什么，结果在并不重要的地方用去80％的时间讨价还价，耗费了大部分的精力，收效却甚微。如果能够事先了解谈判对方的需求，那么我们就可以在关键的项目上努力，取得事半功倍的效果。

下面是一个在谈判界广为流传的经典小故事。

有个父亲把一个橙子给了他的两个孩子。但是，这两个孩子却为了如何分这个橙子而争执起来。于是孩子的父亲建议：由一个孩子负责切橙子，而另一个孩子选橙子。结果，这两个孩子按照商定的办法各自取得了一半橙子，高高兴兴地拿回家去了。

第一个孩子回到家，把果肉挖掉了，也许橙子果肉他不太喜欢，他只把剩下的橙子皮留下来、磨碎，混在面粉里烤蛋糕吃；另一个孩子把果肉放到果汁机上打果汁喝，而把皮剥掉扔进了垃圾桶。

从上面的情形我们可以看出，虽然两个孩子各自拿到了看似公平的一半，然而，他们各自得到的东西却并非物尽其用。这说明，他们在事先并没有声明各自利益之所在，而导致了双方盲目追求形式上和立场上的公平，最终，双方各自的利益并未达到最大化。

如果两个孩子充分交流各自的需要，或许它会是另外一种情况，恰恰有一个孩子既想要皮做蛋糕，又想喝橙子汁。这时，如何创造价值就显得非常重要了。

于是，想要整个橙子的孩子提议可以将其他的问题拿出来一块儿谈。他说："如果把这个橙子全给我，你上次欠我的棒棒糖就不用还了。"其实，他的牙齿已经被蛀得一塌糊涂，父母上星期就警告他，不让他吃糖了。另一个孩子也很快就答应了，因为他刚刚从父母那儿要了5块钱，准备买糖还债。这次他可以用这5块钱去玩他的游戏了。

两个孩子的谈判思考过程实际上就是不断沟通，创造价值的过程。双方都在寻求能够对自己产生最大利益的方案，同时也满足了对方的最大利益的需要。也就是双方都找到了关键的20%问题，获得了80%（甚至100%）的价值。

商务谈判的过程其实与此类似。好的谈判者并不是一味固守立场、寸步不让，而是与对方充分交流，从双方的最大利益出发，创造各种解决方案，用相对较小的让步来换得最大的利益，而对方也是遵循相同的原则来取得交换条件。

谈判的目的是为了创造双赢

在许多谈判中，谈判者没能积极地寻找解决问题的根本所在，更没有考虑如何将双方的利益最大化。通常，谈判双方只看重单一的结果，固守自己的立场，从来也不考虑对方的实际情况，致使谈判的结果不理想，双方都没能获取利益的最大化。

陷入上述谈判误区主要有以下几个原因：

——只求结果不求过程

谈判者往往错误地认为,谈判只是在双方之间达成一个都能接受的点,而其中的过程并不重要。

——缺乏应变能力

谈判者不愿意放弃自己固有的立场,他们甚至担心寻求更多的解决方案会泄露自己的信息,而这可能会减低讨价还价的资本。

——不愿为对方考虑

许多谈判者觉得,谈判的目的就是要满足自己的利益,替对方考虑是不正常的。

——认为让步就会损失

许多谈判者错误地认为,向对方做出让步实际上就是承认损失,所以他们觉得再去寻求更多的解决方案是画蛇添足。

在谈判中,寻求双方都接受的解决方案是谈判的关键所在,在谈判处于僵局的时候更是如此。因为一个成功的谈判双方都能从中受益,而且这样双方可能还有长久合作的基础。

为了走出上述几个误区,谈判者应该遵循以下几个原则:

——扩大方案的选择范围

谈判双方应该从不同的角度来分析同一个问题,甚至可以对某些问题和合同条款达成不同的约束条件，有些虽不能达成永久性的协议，但也可以达成临时性的条款；如果还有一些不能达成无条件的条款，还可以达成有条件的条款。

——找出双赢的解决方案

双赢在绝大多数的谈判中是存在的，一个好的解决方案可以同时满足双方利益的需要。但这要求谈判双方能够识别大家的共同利益所在。每个谈判者都应该牢记：任何一次谈判都有潜在的共同的利益；不去挖掘共同利益并不表示它不存在。对一个成功商人来说，共同利益就意味着潜在的商业机会。在每一次谈判中，强调共同利益可以使谈判更加顺利。

——替对方着想，使对方更容易地做出决策

使对方更加容易地做出决策的方法是：从对方的角度出发，向对方阐明各种解决方案和可能，让对方充分了解信息，最终让对方觉得他们选择的方案既合法、正当，对双方都公平。

20％的授权带来 80％的效果

在商务谈判过程中，运用好二八法则对于取得谈判的主动权起着至关重要的作用。通常，谈判代表的权力是有限的，但出人意料的是，往往就是这一小部分权力为自己赢得了更大的权利。

其实，只要掌握住了二八法则的精髓，无论在何种谈判场合，你都可以应用自如。你可以在20%的付出中，得到80%的实惠；而你的对方则正好与你相反，在80%的时间里只得到或者维护了自己20%的利益。

尼尔伦伯格的委托人已经安排好了同对方的商谈事宜，他们按时来到会谈地点，可是等了很久也不见委托人的身影。尼尔伦伯格只好建议由他代表他的委托人谈判。

在会谈过程中，尼尔伦伯格发现，谈判进展得出乎寻常的顺利。作为受托人，他轻易地使对方做出了一个又一个的让步，而当对方要求他相应地做出让步时，他总是回答："真对不起，我的授权真是有限。"尼尔伦伯格以委托人的身份，争取到了对方的许多让步，为他的委托人争取到了许多的利益，而他却没有给对方做出任何甚至形式上的小小让步。

这个事例充分说明，对商务代理人给予有限的权力将对己方极为有利。而当对方意识到对手的权力有限时，他们提出的条件和要求都会比较有分寸。

谈判过程中，当你的权力受到限制时，会给对方带来不少的烦恼，因为对方只能根据你的权力范围来考虑这笔交易，这无疑把烫手山芋抛给了对方。而且，一般来说，如果你的权力有限，对方也不愿再换一个比你权力更大的对手了，因为那样做的话，对方不仅要面对一个领导人，要面对一种更为强势的地位关系，而且有可能再出现其他的危险，这一切都意味着他必须做更多的准备工作。有限的权力无疑会让你在谈判中处于极其有利的地位。

除了代理人的权力构成限制外，还有其他许多软条件可以构成限制，如某项程序、公司政策、工程标准、无法变更的政府规定等等，它们都可以使你在商业谈判中变得更为有利，当对方提出无礼要求时，你只需要把上述情况向他们阐明就可以了。

在交易中最为常见的情况是：一个未经授权的卖主无权同意赊账、降价、负责运送、保险等等对卖主不利的情况；一个未经授权的买主，也不会同意超出购买预算、买进不合格、未达标准的产品等等可能对买主不利的情况。

商业的案例和经验可以明确告诉我们，受到了限制的权力在谈判中才最有力量。二八法则认为，受到了限制的权力，并不是束缚，反而是谈判的有力武器。

限制的受托人权力有三个比较明显的优点：为技巧的使用者带来谈判的主动权；节省谈判时间，迅速达到自己的目的；可以成为拒绝对方的充分理由。作为一名高素质的谈判者，不仅不应抱怨谈判的权力太少，而且更要巧妙地对这种不利情况巧加利用，使其变成交易成功的有效武器。

达成交易的关键在最后

虚张声势、哄抬"赌注"，是商务谈判中经常使用的方法。这种方法具有极大的欺骗性，它很容易让对方分不清真假。它之所以奏效，往往只决定于在最后20%的时间里是否能够坚持自己的立场。

因为在谈判前期的80%的时间里，双方使用的都是一种脱离实际的心理战术，双方都漫天开价，这时你会发现按照目前的状况，双方根本无法达成交易。但谈判总能继续下去，双方都不断地做出无关痛痒的让步。但到一定程度后，谈判中的一方或双方就不再做出任何让步，这时谁能坚持到最后，往往谁就是赢家。

生意场上的高手布莱恩曾经帮助美国一家大公司采购某种商品。在有一次采购中，对方开出了 50 万美元的报价。布莱恩委托公司中的成本核算人员调查了对方的商品：成本核算的结果表明，卖方商品只值 44 万美元。布莱恩看过成本分析资料之后，对 44 万美元这一数字深信不疑。

一个月后，双方开始对交易价格进行谈判。一开始，卖方便使用了最厉害的一招，他们郑重声明："先生，很抱歉，对于上一次 50 万美元的价格，我必须做一次更改。原先的成本核算由于工作人员的原因，导致我的报价有误。经过重新核算，该商品的实际价格是 60 万美元，这一点还请您原谅。"一时间，布莱恩有点不知所措，对自己所做的成本估算也产生了怀疑。

于是买卖双方在 60 万美元而不是 50 万美元的基础上讨价还价。最后的结果当然对卖方有利，最后交易以 50 万美元成交。

成本核算明明白白地表明卖方产品的价格只值 44 万美元，布莱恩自己曾经深信不疑的结论在对方的坚持面前动摇了。如果布莱恩能够坚持以 40 万为底线与对方讨价还价，那么最后的成交金额也许就是 40 万。

这不是一种巧合，而是在相持不下的僵持状态中，稍微的让步成了一种打破平衡的力量，而坚持的另一方却从中得到了自己的利益。而且，这种坚持的力量具有"四两拨千斤"的功效，会产生出人意料的巨大反差。

事隔几年之后，布莱恩回想起这笔交易时说："直到现在我还不明白，60万美元的喊价到底是真的还是假的。不过，我仍清楚地记得，当我最后以50万美元的价格和他成交时，我还感到很满意！"

被别人蒙骗了却还感到满意。我们除了赞叹哄抬"赌注"的策略之有效以外，还能说些什么呢？

这种哄抬"赌注"的策略不仅卖主经常使用，买主使用也会产生同样的效力。

在美国谈判界有这么一个知名的例子：美国有一个商人想以3000美元的价格卖掉一艘船，于是，他在报纸上登了广告。接下来，便有几位有兴趣的买主前来看货。其中的一位买主出价最高，2850美元，并预付了25美元的定金。于是，卖主迅速地拒绝了其他买主，只等对方补齐差额，完成交易。几天后，这位出价最高的买主打来电话，他深表遗憾地说："由于我的合伙人不同意，目前实在无法完成交易。此外，我的合伙人也做了一番调查，比较了船价，他们认为这艘船的实际价格只值2500美元，何况……"

卖主自然非常生气，但考虑到已经拒绝了其他的买主，没有其他退路，如果不成交的话，还要从头开始，再去登广告，再同买主谈判，还得做很多这些琐碎、费力的事情。一考虑到这些，卖主最后只好以2550美元成交。

无论买主或卖主，如果你想让对方明白，你不能再做任何让步了，对方就不太可能要求你超过自己的底线。因此哄抬赌注——买方或卖方的出价，便是一种很好而且很值得采用的方法，这种策略可以表明，你提出较高的报价看起来是很合理的。因此，提高自己的出价往往会给你带来意想不到的收获。在商务谈判中，甚至在合同签好之后，也会有人毫不迟疑地采用这种策略。

其实，要突破这条策略也是有计可施的。只要你在与对方谈判之前花一定的时间去考察一下对方产品的真实价值，那么你就知道双方谈判的底线是多少，明白了双方谈判的底线，你就能很轻易地识破对方的诡计，使自己在与对方的相持中处于主动的地位。那么，你还是能无往而不胜。

软硬兼施的谈判

有谈判经验的人知道，尽管谈判之前人们已经制订了周密的计划和部署，但在谈判期间还是不可避免地遇到一些超出计划范围，但又必须马上做出决定的问题，特别是当对方提出一些事先毫无准备且又非常关键的问题时，它难免会使主谈者陷入被动。另外，有时在某一问题上，对方本应让步或可以让步但又坚持不让步时，很可能使谈判难以持续下去。

这也印证了二八谈判法则：谈判过程中80%的时间，是无法取得80%的谈判效果的，最重要的决定可能产生于谈判最后20%的时间里。

在这种情况下，高明的谈判者就会利用"软硬兼施"之术，以求把握最后的关键时间。具体做法是：主谈者或负责人（即事先安排的"软相"）找一个借口暂时回避，让"黑脸者"（即"硬相"）马上"挂帅出征"，佐以"和事佬"一起，将对方的注意力引向己方利益，然后再采取强硬的态度，唇枪舌剑，寸步不让，从气势上完全压倒对方，迫使对方在谈判最后20%的时间里让步。

霍华·休斯是美国的大富翁之一，他性情非常古怪、易怒。他曾经为大批购买飞机一事与某飞机制造公司进行接触。休斯事先就列出了他的34项要求，其中的几项要求是对方必须满足的。休斯亲自出马与飞机制造公司进行谈判，由于休斯脾气暴躁、态度强硬，整个会谈充满了对抗的火药味。双方都坚持自己的立场、寸步不让，尤其是休斯蛮不讲理的态度，使对方忍无可忍，谈判最终陷入僵局。

事后，休斯认为自己不太可能再和对方坐在同一个谈判桌上了。他也意识到自己的脾气不适合这场商务谈判。休斯再三考虑之下，他选择了一个性格较温和又很机智的代理人去和飞机厂代表磋商。但这一无意的选择却为他带来巨大的成功。

他对代理人说："只要能争取到那几项中非得到不可的要求，你的任务就完成了。"

出乎意料的是，这位代理人只经过一轮会谈就争取到了休斯所列出来的34项要求中的30项，这其中自然也包括那几项必不可少的要求。休斯惊奇地问那位代表靠什么"秘密"赢得了这场斗争呢？

他的代理人回答："这很简单，因为每到相持不下时，我都会问对方'你到底是希望与我一起解决这个问题，还是留待霍华·休斯跟你们解决呢？'结果对方只好接受我的各种要求。"

休斯和他的代理人巧妙地运用了软硬兼施的方法，使休斯的利益得到了最大化地满足。在商谈过程中，他们分别以"黑脸"和"白脸"现身。"黑脸"休斯首先登场，他极尽表现得傲慢、蛮横，使飞机厂代表产生了反感和畏惧心理。正当谈判陷入僵局的时候（也是谈判最关键的最后20％的时间），一位善解人意、温文尔雅的"白脸"出现了。他的谦恭态度对对方来说首先就意味着一种让步。而在会谈中，白脸又暗示对方，在不得已的情况下他们会让黑脸出面相威胁。面对这位通情达理的代理人的要求，对方不忍心再拒绝。

这里，休斯除运用软硬兼施策略外，还利用代理人的有限制的权力，这使他的商务代表在整个谈判中处于主动地位，那么大获全胜也是自然而然的了。

软硬兼施技法被谈判者普遍采用，凭软的方法，晓之以理、动之以情；又用硬的手段，迫其就范。"黑脸""白脸"同唱一台戏，使对方很难了解我方虚实，在不知不觉中战胜对方。实施这种策略时，首先要注意调查对手情况，知己知彼，要看对方是否有诚意达成协议，以及对方的经验是否丰富、以往的谈判风格、参加谈判者的兴趣爱好等等。

另外，作为谈判者，如对方运用这种技巧时，也不要被对方所左右，应坚持自己的主张，或者"以其人之道，还治其人之身"。如果你也采用软硬兼施的策略，对方的技法就没有什么作用了。但如果双方都采用这一策略，最大的风险有可能是导致谈判的终止。

在我们的意识中，强硬一点总是没有什么坏处的。但如果我们过于迷信力量的威严，往往好事也会变成坏事。这时，来一点"软弱"，事情的发展可能会对我们更为有利。

将简单问题复杂化

二八法则主张，事情越简单化越好。可在商业谈判中，有经验的谈判者故意将简单的事情复杂化，将许多不相干的事情搅和在一起。他们这样做的目的无非是为了使对方穷于应付、疲于奔命，以此迫使对方屈服，或者借此机会反悔已经允诺的让步。我们把这种简单事情复杂化的技巧称为浑水摸鱼。

浑水摸鱼通常发生于以下几种情况：

——谈判开始阶段

在谈判初期，有些人故意就售后服务、商品的品质、价格、支付方式及包装运输、保险等一系列重要问题一股脑儿地提出来，将事情弄得极为复杂。他们这样做的目的无非是投石问路、了解情况，以便有的放矢地为对方设下障碍。

——深夜谈判

在讨价还价或其他复杂问题的商务谈判中，需要充沛的体力、清晰的头脑。在经过白天长时间的艰苦谈判后，通常人们在晚上会显得体力不支。这时候，一旦对方把事情搅和得很复杂，有些人就很可能被搞得头昏脑胀、毫无头绪，这时他就有可能接受那些看起来似乎还算合理的条件。

——情绪爆发

当一个人突然发起脾气时，总会使另一方陷入反思或反省的局面中，怀疑自己是不是做得太过分了，有时甚至害怕整个局势会因此失去控制，从而开始检讨或做出让步，这时他就给了对方以可乘之机。

——终期

到了终期，有些商人为了达到反悔的目的，往往将过去已经解决的问题及以后要谈的问题连同正在谈论的问题串在一起，使事情混乱和复杂化，从而达到乱中取胜的目的。

如何应对浑水摸鱼？我们可从以下几个方面着手：

——当对方故意将简单事情复杂化时，你不妨给予对方柔和性的警告，并说明其理由。这时对方一般不会再作坚持。

——尽量避免深夜疲劳谈判，一旦出现疲劳之状，应想办法中止谈判，当然这种情况对方同样存在。

——当对方突然愤怒时，要持怀疑态度，要高度冷静，要尽量避免与之对抗，但也不要轻易地做出让步。

——在事情没有真正弄清楚之前，要有勇气说"不"。

只要我们在事前做了积极的准备，有足够的耐心和勇气对付各种局面，保持自己的镇定，就能使对方的浑水摸鱼之术难以得逞。

欲扬先抑的效果

在商务谈判中，为了达到自己的目的，有时候不得不采用"欲扬先抑"的策略，先将对方抨击得一无是处，好让对方处于消极悲观的状态，然后突然转变态度，使对方产生感激涕零的心理，从而较为容易地达到自己的目的。

美国密德兰地区某家银行有一位非常难缠的客户——一位搞技术的工程师。该工程师在市场景气时，曾经有过一段辉煌灿烂的时光，但后来由于经济萧条，他只好关闭了自己的公司。由于他过去经营的咨询公司一直和银行保持着良好的关系，因此，他认为再次获得银行的贷款是一件比较自然的事。

但是，由于工程师的公司较小，银行不愿意给予他太多的贷款。但那位工程师却希望能找到东山再起的机会，于是，他设法谋求银行的同情，千方百计地想再次获得银行的一笔长期贷款。

经过一段时间后，他终于想到了一种方式，那就是"欲扬先抑"的策略，首先软化对方的立场。于是，他便让会计部门整理出对于银行的好几项抗议事项。

银行对于这位客户的抗议，显然有些措手不及。于是，某位银行经理立刻便给工程师打了个道歉的电话。但是，工程师又转而抨击银行的办事能力太差，办事效率太低，致使公司向外国购买一项产品的计划被拖延而蒙受重大损失。

接着对于银行来说，又发生了一件麻烦事，因为某位银行职员的一时疏忽，使得一笔原来应该存入那位工程师私人账户的款项，阴差阳错地存入了另一家公司的账户。为了此事，那位工程师又借题发挥地大发雷霆，并把银行以往所犯的种种"罪状"全部列举出来，要银行提出合理的解释及相应的解决办法。

两个星期之后，工程师认为贷款的时机已经成熟了。因为，在犯了那么多错误之后，那位银行经理早已做好了最坏的打算，准备接受一切最严厉的批评和惩罚。这时，工程师又打来电话，意外的是，他对于过去所发生的事竟然绝口不提，反而以轻松的语气问道："对于两年以上的私人贷款应该如何计算利息？"

那位银行经理在事前一直以为银行方面会受到强烈的攻击，但当他听到工程师的口气并不十分强硬时，他好好地给自己松了一口气，于是他将利息的算法详细地讲出来。但他还是显得十分紧张，生怕再得罪了这位难缠的客户。而这位工程师也改变了以往强硬的态度，表示愿意和银行恢复往来，并要求银行的经理让他获得一笔私人贷款。结果，这位经理自然应允了他的要求。

在这个案例中，工程师成功地运用了"欲扬先抑"的方法，他首先削弱了银行的立场，使其处于被动的地位，然后当工程师表现出愿意和解的姿态时，银行方面自然求之不得。至于一笔私人贷款，原是银行经理分内的事，给谁都是一样，何不趁机以此来弥补一下自己的过失呢？这位银行经理在这种心理的支配下，自然满足了工程师的要求，尽管从现有的银行政策来看，工程师是没有资格获得贷款的。

二八法则最精辟的表达是：用最少的付出，得到最丰厚的回报。也许有人觉得这是天方夜谭、痴人说梦，其实，世界就是如此。想想那20％的富人、想想那20％的最优秀的学生……只要我们能够掌握其中的精髓，运用得当，这是绝对有可能的。

二八法则所表达的本来就是一种客观世界中不平衡的规律，而这种不平衡在某种意义上又具有相当的必然性和普遍性。所以我们在做事的时候，得到不平衡的答案也就不足为奇了。

投资创业的二八法则

当今社会是个瞬息万变的社会，经济、生活、政治等各层面的变化正在不断加速，人类的整个生存环境因此变得更复杂，更加难以预测。因此未来的财富分配方式，也必然会加速变化。事实上，每个人都渴望发财致富，借以提高自己的生活水平或实现人生的目标。投资者的角色似乎已成为人人都希望扮演的一个角色。

每个人都可能通过投资理财成为亿万富豪，只要你拥有正确的投资观念，并能身体力行，不论目前的你是多么的贫穷，假以时日，你都能达到目标。

因此，投资学成为我们必须要学会的一门学问。你必须趁早接受一些正确的投资观念，并要不断地充实新的知识，才能在财富重新分配的过程中赢得属于自己的一份。

二八法则在投资领域也是大有可为。根据二八法则，我们只要把钱投资在正确的地方，它们就会自己再生出钱财，并且二成的投资往往会得到八成的收益。

关于财富分配的研究报告

前面我们已经叙述过帕累托通过对英国人的收入分配进行研究，发现大部分财富都流向了一小部分人，进而总结出财富分配具有比较确定的不平衡的比例关系：如果 20% 的人占有 80% 的社会财富，由此可以推测，10% 的人所拥有的财富为 65%，5% 的人拥有的财富为 50%。

这种贫富不均的现象一直存在，在最新公布的一份研究报告中显示，最近几年，美国的贫富悬殊一直在加大。其他很多国家也有这种问题。从收入分配来看，最富有的 1% 的美国人的税后收入相当于 37% 不富裕的美国人所得，按照这个比例，270 万最富裕的美国人的年收入等于处在收入较少一端的 1 亿人的收入，而且这个差距还在扩大。

这份研究报告还揭示了其他一些问题。比如说，和 22 年前相比，美国经济实力增长速度非常之快，相反的是，美国绝大多数家庭的收入占全民收入的份额却越来越小。美国 4/5 的家庭收入（约 2.17 亿人）占全民总收入的比例从 1977 年的 56% 下降到目前的不足 50%。然而，另外 1/5 的最富裕家庭（约 540 万人）所得份额却在逐渐增长，但其中多达 90% 以上的增长进入了 1% 最富裕家庭。

除此之外，这份研究报告还发现，贫富差距的加大不仅表现在各收入阶层所占全民总收入比例的消长，而且也反映在各收入阶层税后平均所得差距的拉大。扣除物价上涨等因素，全美 1/5 最富裕家庭税后年收入 1977 年是 7.4 万美元，1999 年为 10.23 万美元，增加了 38.2%；而 1/5 收入最低家庭 1999 年的收入只有 0.88 万美元，而 1977 年却有 1 万美元，下降了 12%。1% 最富裕家庭 1999 年税后收入高达 51.56 万美元，比 1977 年的 23.47 万美元增加了 119.7%，他们一年的总花费竟达到 6200 亿美元之巨。

随着社会的发展，股市的繁荣，工资、福利的增加，富裕家庭及那些受过良好教育有一技之长的人们所获得的利益越来越大。与此相对，贫困家庭就很少有钱投资到股市，而且全球经济一体化所带来的竞争压力以及科技因素在经济增长中作用的增大，使得一些受教育程度低、无一技之长的蓝领工人的家庭收入增长愈加缓慢，甚至停滞不前。

以上所述的这些现象与帕累托在研究收入与财富的分配时所发现的二八法则正好吻合。帕累托通过研究发现，财富的分配方式是可预期的高度不平衡，财富的平均分配永远是一个不可企及的梦。

财富分配领域的这种不平衡的趋势将会持续下去，二八法则对于个人认识和改变这种财富收入和分配的不平衡将起到的作用将会越来越大。

巴比伦富翁的秘密

在现实生活当中，我们如何投资与消费这件事情决定了我们的财富是增加还是减少。一般来说，穷人的消费习惯是有多少花多少，中产阶级的消费习惯则是提前消费，而富人的消费习惯往往是先投资，然后再适当地消费。

大家可能都知道巴比伦富翁的故事。在古代的巴比伦城里，有一位闻名遐迩的犹太富翁叫亚凯德。他为人慷慨，乐善好施，对慈善捐款他毫不吝啬，自己用钱也很大度，即使这样，他每年的金钱的收入都会增加，大大超过金钱的支出。

有一天，一些童年时代的老朋友们来拜访他，他们感叹："亚凯德，幸运之神可真是眷顾你啊！当我们还在勉强糊口的时候，你已经成为巴比伦的第一富翁，你可以穿着最精致的服装，你可以随时享用最珍贵的食物。我们若能有你一半的幸运，可以让家人穿着漂亮的衣服，吃着可口的食物，也就不虚此生了。

"但是，在以前的时候，大家都是平等的，大家都向同一位老师求学，大家玩相同的游戏，在那个时候，无论读书或是游戏，你都和我们一样，丝毫没有特别的地方。幼年时代过去以后，我们大家也都是同等身份的平民，可是你看，你先做成了亿万富翁，我们却终日饱受穷困的折磨。

"根据我们的观察，你工作并不比我们更辛苦，你工作的忠实程度有时还不如我们。可是，为什么变化多端的命运之神，偏偏要叫你享尽一切荣华，却一点儿也不眷顾我们呢？"

亚凯德听到这些话，就规劝他们说："这些话虽然不错，但你们没有发现根本的原因。这个原因就是你们没有学到也没有实行致富的原则，你们还不明白这个道理：财富就如同棵大树，任何一棵大树都是从一粒小小的种子长成的。

金钱就是种子，你越勤奋栽培，它就长得越快，最终会长成一棵茂盛的大树！"

这个故事告诉了我们一个非常重要的法则：必须要靠投资致富。

虽然我们每个人都想致富，但并不是每个人都懂得投资，都懂得用20%的投资来获得80%的回报。

投入产出法则

布拉德和克里斯是一对非常要好的同学，他们毕业后到同一家公司上班，因为他们所学的专业都是一样的，所以他们在公司里担任的职位、领取的薪水也都一样，此外，两个人都非常地节俭，因此他们每个人每年都能攒下一笔数额的钱。

但是，两人的理财方式完全不同。布拉德将每年攒下来的钱存入银行，而克里斯则把攒下来的钱分散地投资于股票。两人还有一个共同的特点，那就是都不太爱去管钱，钱放到银行或股市之后，两人就再也没去管过它们了。

如此这般过了40年，克里斯成为拥有数百万美元的富翁，而布拉德却只有存折上的区区十几万。数百万美元在当今的社会中可以算得上富翁，但拥有十几万美元的人现在依然属于贫困阶层。

布拉德亲眼看着昔日的同学兼同事，40年来薪水收入相同，节俭程度相同，而克里斯最后竟然能成为百万富翁，反观一下自己，40年下来最后竟然连一所房子都买不起。为什么差距如此之大？仅仅只是理财方式的不同就造成了如今这种结果。

如果仔细观察，我们会发现，通常贫穷的人对于富人之所以能够致富的原因总是归结为运气好或者从事不正当、违法的行业，或者归诸富人比我们努力，或者他们克勤克俭。但这些人绝不会想到，真正造成他们贫困的原因，就在于他们不懂得投资。因为大多数富人的财产都是以房地产、股票的方式存放，大多数穷人的财产则是存放在银行里，他们认为那是最保险的理财方式。

事实上，你的投资决定了你的收入。认识到这一点之后，我们应及早地进行投资，发现自己的摇钱树。

动手来种钱

在你小的时候，你种下了一棵树的种子，它就会跟你一样逐渐成长。其实，在理财方面也是如此。

一般来说，你每用钱进行一次正确的投资，它就是在助长你的现金流，一段时间之后，它还会带着更多的金钱回来。擅长用二八法则思考的人往往更容易创富，为什么呢？因为他们懂得怎样非常有效地运用自己的资金进行投资。

乔·史派勒曾经写过这样一本书，叫《动手来种钱》。他在书中提到一个只剩下1美分的人，这个人正开始用仅有的1美分进行投资，他先将钱兑换成了铜币，并在心里告诉自己每次花掉的钱，他都要以10倍或更多倍的数量使它们再回到自己手上。这个人最后依靠这种方法获得了更多的财富，最终使自己成为了一个富翁。

如果你能让你的金钱流动起来，那它就是你的摇钱树！金钱就是你可以用最适合携带的形式来消化的个人能源，这种能源独一无二。你可以将它送到遥远的地方，去协助一个你信赖的项目，同时你可以待在家里做你最喜欢的事。

或者可以这么说，金钱是一种可即刻伸缩的能源，你只要加进一点爱和智慧，并将它送到它应该去的地方，它就能为你带来更多的财富，就如同传说中的摇钱树一样。

当然有些人担心如果把金钱送出去之后它们不能安全回来，于是他们将自己的钱储存起来。可是，这样做除了阻碍金钱的流动之外，还能给自己带来什么好处？你将永远无法享用金钱带来金钱的快乐。

学会正确理财

前面说过，只要你把钱投资到正确的地方，然后你不需要做任何事情，它就能给你带回来更多的钱。

让我们来看一个生动的例子。你把 500 元存入一个年息 5% 的定期账户里，1 年之后，你不需要帮人除草，也不需要代人洗车，你的钱就帮你赚进 25 块钱了。虽然 25 块钱看起来没有什么了不起，但是如果你每年存 500 元，长达 10 年，并且让这 5% 的利息利上滚利，10 年之后，你的账户里就有 6 603.39 元——其中 5 000 元是你的本金，1 603.39 元是你滚利赚进的利息。

当然你还有更好的选择，比如股市。如果你每年投资 500

元于股市，即使在你不工作时，即使在你到外地度假时，这笔钱仍将为你赚进更多的钱。按照现在的股权收益，这笔钱平均每 7～8 年就会翻一番，这比把钱放在银行的收益大得多。

运用二八法则思考的人早就明白了这一点，他们了解金钱和所投资的领域是密切相关的。

当今全球富翁之一巴菲特的秘诀就是将钱投资于股市。虽然他从小小的送报生开始做起，但是他比别人更早地了解金钱的未来价值，所以他把来之不易的每分钱几乎都用于投资，而不是消费。每当他看到商店里卖的 400 美元的电视机时，他看到的不是眼前的 400 美元的价格，而是 20 年后 400 美元的投资所得到的价值。因此，他宁愿做投资，也不愿意拿来买电视，他几乎不会随意花费在购买不必要的物品上，这种做法值得我们深思。

你从现在开始储蓄并投资，当你存到一定程度之后，你会发现你的金钱会自动帮你准备好你平日所需的生活费用。就好像是你出生在一个好人家，你的家人每月会固定送上你的生活所需一样，你甚至不需要感谢他们，也就是在他们生日时去应酬一下，这样的情形不正是许多人梦寐以求的吗？而你只要运用二八法则就可以轻松做到。

当你完全享有经济的独立，当你能做想做的事，去想去的地方的时候，你投资的钱依然在为你不停地赚钱，因此，你要做的就是投资，再投资！

如果你没有这样投资的魄力，那么你所幻想的一切将永远只停留在幻想中。

人们的理财方式通常会有这几种情况：一种是一边储蓄

一边投资，你会有所收益；另一种情况是你把所有的钱都消费出去；还有一种更糟的情况，那就是你不仅把所有的钱花光，而且还欠了信用卡公司一大笔债务。在最后一种情况下，你必须付出一笔利息，那么你就是在让他人来赚你的钱了，这是最不可取的一种情况。在这三种情况中，运用二八法则思考的人，理所当然地会选择第一种，即做一个精明的投资者。

关于投资理财的种种心态

你已经选择了进入投资行业，并开始考虑自己的计划是否可行，那么现在你首先要做好必要的心理准备。

你会发现私营企业的生活与一般工薪阶层的生活截然不同。在私营企业中，你要始终头脑灵活，并且需要不断地制造卖得出去的东西，熟悉一切事务，能够厉行节约，并且要有很好的人际关系。如果你受雇于人，你可以有时间与同事们聊聊工作以外的事情。而在私营企业中，你只能从事生产才能有收入，不生产就不会有收入。

如果你是受雇于别人公司的人，你会有稳定的薪水。而对于私营企业主来说，即使你已经开始赚钱，你也不能确定什么时候才能有收入。你不仅需要财务上的周转资金，而且必须有些存款以防账款过期未入，如此这般，不可预知的因素会随时困扰着你。

你可以在别人的公司里毫无节制地使用文具用品等，因为你没有必要考虑其来源问题。而在私营企业中，你必须懂得节省开支，因为现在是花你自己的钱，你一定要学会精打细算。

如果你受雇于人，你不知道下一步要做什么，你的老板会立刻告诉你，你的有效建议通常还能获得红利。但在私营企业中，你必须每时每刻都要细细斟酌，图谋发展。

因此如果你想投资创业，你要先与工薪时期做个比较，然后就会明白许多道理。你会知道，私营企业创立开始相当艰辛，你必须加倍努力地去工作。

在你踏入这个投资的领域之前，你必须在一些方面做好充分的心理准备，主要是以下几点：

——安全感

当你刚开始投资时，几乎没有什么安全感。常常有些人会因缺乏心理准备、资金、精力以及对生意的敏感度而使企业以失败告终。你要明白，个人办企业就是在赌博，因此，在下注之前，你必须做好所有准备，尤其是开始时不要太乐观，这样，即便真的失败，心理上也可以承受，不至于一蹶不振。

——财富

个人投资或许能赚很多钱，或许赚钱极为有限。即使你经营个人企业相当成功，而且赚了很多钱，但是你还是要努力工作，因为任何有质量的生活背后都需要付出艰辛的劳动。而且在很多时候，财富并不能代表一切。

——家庭

无论你投资在什么地方，得到多少收益，你都应与家人保持亲近。因为你经营企业将会很耗精力，而且实际上你不可能真正地与家人有很多的时间相处，因为你必须用比一般工作人员更多的时间来经营你的企业，以尽快创造财富。你必须处理好这两者之间的关系。

——休假

当你投资企业时，休假越多就意味着你的收入越少。当你还在为别人打工时，在节假日你仍然有薪水，而你在自己的企业中却不会这样。一旦你创立自己的企业后，就会明白自己很少有休假的机会，你只会尽心尽责地为自己的企业工作，殚精竭虑，谋求发展。

当我们了解上述几种情况后，我们便会明白投资会让自己更努力地工作，也会让自己得到更多收益。

面对风险的态度

一般来说，我们每个人所能够承担的风险都有一定的限度，超过了这个限度，风险就会变成一种负担，就会对你的情绪或心理造成伤害。因为过度的风险往往会带来忧虑，而这种忧虑会影响到你生活的各个层面，比如说健康、工作、家庭、生活、交友等等，这些影响会让你苦不堪言。

因此，在你决定进行投资之前，你必须想好自己到底能够或者愿意承担多少风险，然后再进行明智的投资。

根据人的性情的不同，一个人面对风险时所表现出来的态度一般可以分为四种：急进型；中庸型；保守型；极端保守型。

相应的，急进型的人可能会接受高风险从而追求高获利；中庸型的人只愿意承担一部分风险，以求取高于平均的获利；保守型的人是这样的，他们往往为了安全地获取眼前的收入，宁愿放弃可能高于一般平均的收益；而极端保守型的人几乎不愿意承担什么风险，把钱放在银行是他们最普遍的做法。

大家可以通过下面提供的两组自我测试题，分析一下自己属于哪一个类型：

1. 你是否认为钱是不断赚来的？

2. 你在强大的压力之下表现得临危不乱吗？

3. 你能把过度的忧虑抛弃掉吗？

4. 你是不是宁愿去买风险高的股票而不会把钱存入银行？

5. 你在大多数时候对自己的决定是不是很有信心？

6. 你喜欢自己处理投资吗？

7. 你能控制住自己在投资时的情绪吗？

看一下你的答案，如果它们有 6 个或 7 个"是"，那你就属于急进型的人；如果只有一两个"是"，那你就属于极端保守型的人；如果有 3 个到 5 个"是"，那你可能就属于中庸型的或保守型的人。

当然，这一组问题仅是测验你面对风险的态度，要想真正地确定一个人承受风险的程度，还必须要考虑到其他的客观因素，比如家庭的收入、支出、孩子的抚养、教育等等，因为往往有很多急进型的人，现实一旦变得严酷，他们也是毫无办法。

下面的一组问题是用来测试你的风险承担能力的：

1. 你有足够的收入可以应付家庭的各项开支吗？
2. 你有一些必要的人寿、健康、医疗保险吗？
3. 你有足够的积蓄用来应付各种可能出现的困境吗？
4. 你有非常繁重的财务负担吗？
5. 你能承担在股市中损失了大部分的钱的后果吗？

亮出你的答案吧，如果你有5个"是"，那你就有资格把自己归为急进型的人。如果你的回答都是"否"，那毫无疑问，你就是极端保守型的人。

在你进行投资之前，必须有两方面的心理准备。二八法则还要求你注意以下几点：

——你不可能回避所有的投资风险，尤其是在同一时间或面对同一种投资时。

——在年轻时承担风险比在其他时间承担风险要明智得多。

——如果你想获得报酬，你必须敢于承担风险。

总的来说，个人投资最大的目的就是为自己工作。如果你在个人投资方面获得成功，那你就可以用少部分的付出而获得所创造利润的大部分，而你为别人工作所获得的收入只是你所创作利润的一小部分，你将会发现，明智的投资常常为你带来意想不到的收益。

所以说，想要投资就必须敢于承担风险，你要能清楚地认识到投资的风险所在。投资与风险也呈现出一种不平衡，那就是风险越高获利越大，风险越低获利就越小。这正是投资领域的二八法则。

你属于哪种类型的投资者

大多数的人在财务困境中挣扎，是因为他们想回避财务问题。

获得财务自由的最大秘诀之一是："如果你想快速获得巨大的财富，就要勇于承担巨大的财务问题。"

通过对待财务问题的态度，在这里我们可以将投资者分为三种类型：

——类型 A：寻找问题的投资者

A 型投资者寻找那些处于财务困境中的人们所引起的问题。善于解决问题的投资者期望他们少量的货币能带来 25％以上的高额回报。他们有雄厚的资金，他们拥有做一个成功投资者的必要技能，并且他们还善于用这些技能来对付没有这些技能的人所引起的财务问题。

例如，投资专家罗伯特先生第一次投资时，所寻找的都是些没有抵押赎回权的小型楼房和住宅。他仅用了 2 万美元就解决了那些很快用光了钱的投资者所引起的问题。

几年以后，他仍然在寻找机会，但是数额越来越大了。

又过了 3 年，他获得了一家价值 3000 万美元的采矿公司，虽然问题和数字变大了，但是过程和方法却是相同的。这说明，只要方法正确，用于小投资的方法同样适用大问题。

——类型 B：寻找答案的投资者

B 型投资者通常喜欢问这样一些问题：

"你建议我进行哪种投资？"

"你认为我应该买不动产吗？"

"哪项共同基金更适合我？"

"我与我的经纪人谈过了，他建议我要多样化。"

"我的父母给了我一些股票，我应该卖了它们吗？"

B 型投资者会立即约见几位金融设计师，开始接受他们的建议并选择一种投资。如果金融设计师很优秀的话，他们将能够提供非常好的技术支持，并且通常能够帮助你建立起你一生的财务计划。只要按这些建议去投资，B 型投资者还是能够从投资中获利的。

有趣的是，许多高收入的雇员和自由职业者却落进 B 型的投资者当中，因为他们几乎没有什么时间寻找投资机会。由于他们非常繁忙，没有时间学习关于企业家和投资者的知识，因此，他们是在寻找答案而不是知识。

——类型 C：舒尔茨型的投资者："我什么都不知道。"

舒尔茨这个名字出自电视系列剧《霍根的英雄》中那个可爱的人物。在剧中，舒尔茨是德国战俘营的一名警卫，他知道战俘们正在试图逃跑并且蓄意破坏德国的战斗力。

当他知道事情有些不对劲时，舒尔茨所说的全部就是：
"我什么都不知道。"大多数人对于投资问题持有相同的态度。

舒尔茨型投资者能够获得巨大的财富吗？答案是肯定的——如果他们能得到一份联邦政府的工作，与某个有钱人结婚，或者中彩票的话。

在这三种类型的投资者中，你属于哪一种呢？你又想成为哪一种呢？

诺贝尔奖的投资理念

每次 100 万美元的诺贝尔奖非常值得大家关注，诺贝尔基金会每年发布 5 个奖项，因而每年必须支付高达 500 万美元的巨额奖金。我们不禁要问，诺贝尔基金会的基金到底有多少，能够这样承担起每年巨额的奖金支出？

事实上，诺贝尔奖奖金之所以能够顺利支付，除了诺贝尔本人捐献的那笔庞大的基金外，更应归功于诺贝尔基金会的投资有方。

诺贝尔基金会成立于 1896 年，由诺贝尔捐献 980 万美元建立。由于该基金会成立的初始目的是用于支付各个领域杰出人士的奖金，所以基金的管理不容许出现任何差错。因此，基金会成立初期，其章程中明确规定了基金的投资范围应限制在安全且固定收益的投资上，例如银行存款与公债。对于风险较高的项目，大家一致确认应该禁止投资，尤其不应投资于股票或房地产，那样会让基金处于价格涨跌的巨大风险之中。

这种保本重于报酬率、安全至上的投资原则，的确是一种较为稳妥的做法，避免了发生巨额损失的风险。但牺牲报酬率的结果是：随着每年奖金的发放与基金会运作的开销，历经50多年后，诺贝尔基金的资产流失了近2/3，到了1953年该基金的资产只剩下300多万美元，还不够发一次诺贝尔奖。

眼见资产渐渐消耗殆尽，诺贝尔基金会的理事们才及时觉醒，意识到提高投资报酬率对诺贝尔基金的重要性。于是他们在1953年做出了突破性的改革——更改基金管理章程，将原先只准存放银行与购买公债的基金转向投资股票和房地产。新的资产理财观一举扭转了整个诺贝尔基金的命运，其后的几年，巨额奖金照常发放，基金会照常运作。到了1993年，基金会不但挽回了过去的巨额亏损，基金总资产也增长到2.7亿美元。

40年前如果诺贝尔基金没有改弦易辙，仍保持着稳健、低报酬的理财方式，那么可以肯定，今天诺贝尔基金早已因发不出任何奖金而销声匿迹了。

诺贝尔基金会成长的历史，再次验证了二八法则的投资方略：把不赚钱的投资剔除，将钱投资于赚钱的关键之处，从而使投资产生最高价值的回报。

善用股市投资

股票是最佳的投资工具，长期以来，一个美国人投资股票所获得的平均利润，比那些把钱存在银行或是购买公司以及政府债券的平均获利要高出3~6倍。

投资股票时，有人总爱在同一股票上进进出出，他们经不住诱惑，过早地抛出自己的股票，为的是趁早取走短期的投资收益或是结束小额的亏损。其实这是一种极其错误的做法：他们能够很快得到一些好处，却会失去更高额的利润；他们不会因为不能很快拿到好处而破产，却因此永远不可能成为大富。

通常，只有很少数的股票能带来极丰厚的利益。如果分析了长期投资组合后会发现，投资组合里的20%，带来了80%的利润。按照二八法则，也就是说，80%的财富来自所投资的20%的股票；真正20%的出人意料的"黑马"，占据了全部投资组合收入的80%。

因此，如果在一个股票获利100%时就卖掉，很可能会错失股票日后数倍于此的增值，导致更多的财富流失。通常情况下，明智的做法是股票价格从最近的最高价跌了15%时，说明趋势在变，此时再考虑出售也不迟。

本益比（如果一股价值15元的股票，税后所得是1.5元，则该股的本益比是10）可以作为判断股价究竟是高还是低的基准。一般来说，当本益比超过17时，是一个不祥的信号，切勿过多投资。若本益比低于12时，可考虑适当买进；本益比低于10时，则可以进行疯狂大抢购。

另外，根据二八法则所昭示的智慧，成功的关键在于熟知的一小部分，换句话说就是追求专精，而这运用在投资上特别有效。如果你决定要自己买股票，就要专攻一个你熟悉的领域，因为它会给你带来无穷的利润。

即使你开始不是某方面的专家，但你可以稍微做些投资，即便是一个很特别的产业，如果你想进行投资也要尽可能学习关于这个领域的知识。

其次，理性的投资人会在货币流通最快、GNP 预期增长率最高的新兴股票市场投资。因为他们明白：一个国家整体经济的表现决定着股票市场，因为股市是一个国家经济的晴雨表。

新兴国家的股市一开始时的本益比都很低，但随着市场的不断发展，私有企业的规模不断壮大，本益比很可能就会不断升高，股价也就随之攀升。

但新兴市场中的企业不太稳定，股市可能会因为物价暴涨或其他原因而崩盘，币值可能急速下跌，如果那样的话你投资进去的钱就很难收回来了。因此，在新兴市场投资，这些风险因素你不能不考虑。

高卖低进

通常，人们在无意识中都在股票上涨时买进，股票下跌时抛出。虽然连他们自己都不相信这点，但他们还是因为受周围环境影响而缺乏理性。在鼎盛时期，任何一个持这种说法会持续下去的平庸理论，都会让人信服。而如果你说，价格不可能无限上涨，必定会遭到大家的讥讽，这是一种传统的逢低买进，逢高卖出的投资理念。

而二八法则却认为：当所有人都在买进时，你应该逢高卖出；当大家都对股市悲观时，你可以考虑逢低买进。

如果你想做好投资理财，或者想用二成的投资变成八成的收益，那你就必须借助于逆向思维的理念。因为逆向思维可以帮助你做与大众反向的思考，从各种角度去研究、推演、设计或规划你的投资行为，让自己预先设定好获利的目标。其次，逆向思维的运用也可以在一定程度上帮你化解风险，使你从投资环境中把风险降至最低以减少投资损失。

在理财与投资的外部环境上，每个人的机会都是均等的，所以胜败的关键，全在于投资人内在的因素。

内在的因素有很多，例如：投资的观念、使用的战术或策略、目标、时机、资金的多寡、评估风险的高低、市场的资讯等等。在众多的内在因素中又以投资观念最为重要。

观念左右了投资人所有的思想、行事风格、程序、获利与风险的高低等投资成败的环节。我们常常可以看到有些人轻轻松松地在自己投资的项目上大笔大笔地赚钱，因为他们有着清晰灵活的投资理念。

同时我们也看到更多的80%投资人，整日忙进忙出，有如无头苍蝇般的乱窜，却很少有丰硕的投资收益，究其原因就是投资观念上的不同。

很多投资活动，都是以顺向思维的客观条件来做规范与限制，所以你如果以顺向思维的观念来看待投资活动，要想达到预期的收益，那是非常困难的。从事投资这种活动，一定要有逆向思维的观念，即以反向思考的方式来研究你的投资行为。

在一次记者招待会上，有位记者向国际投资专家索罗斯提出这么一个问题："什么东西使您在股市里轻松地赚钱呢？您投资有什么秘诀？"

他不假思索地回答："逢低买，逢高卖。"

"逢低买，逢高卖。"成了投资大亨索罗斯投资的最高原则。他就是凭借着这六字真诀，纵横于国际投资市场，他是各国都想要的"投资客"，也是各国都害怕的"投机客"。

但是何为低点？何为高点？其前述的本益比是我们必须参考的标准。

顺向思维者为何会赔钱呢？因为顺向思维者常持有一种错误的观念，那就是"股指上涨"就是后市看好，就非得跟进抢着买，所以往往进场都是买到"最高点"；而若"股指下跌"就属于后市不看好，跌停时则抢着非卖不可，就怕卖不掉会亏更多的钱。所以，顺向思维的人在投资市场里，经常都是"买在最高点，而卖在最低点"，是十足缴学费只赔不赚的人。

逆向思维者为何会赚钱呢？因为他们会以逆向操作的方式进入投资市场，当大家都不看好时，或者一路下跌时，他们就一路逢低开始酌量分批的购进、捡些便宜货（有时还外带打压、放尽利空的风声，用来加速控底），所以当顺向思维者对后市不看好时，正是逆向思维者大展身手、一展宏图的最佳时机，他们能够在投资市场买到最低价位。

当市场逐渐复生时，或者是逆向思维者已吃饱喝足了之后，便开始制造许多"利多"的消息来诱惑赔钱者赶快进场买进，以便回填过去在交易上的损失。于是逆向思维者，一路拉抬价位用"后进先出"的策略，把手上的商品一一抛售出去，而此刻顺向思维者则一路高价承接，所以逆向思维者永远都是在赚顺向思维者的钱。

个人幸福的二八法则

80/20 法则也可用于质量管理：如果你弥补了决定性的 20％ 的质量缺陷，你就能收到 80％ 的效果。

——企业管理硕士雷卡多

这是古老的 80/20 法则：你收益的主体，来自你市场的 20％。

——美国联通公司威瑞

工作的二八法则

　　每个人都要工作，因为工作是生活的一个重要组成部分。

　　我们的周围，经常有很多这样的人，他们对现在正在从事的工作不满意，终日抱怨，宁愿换一个与现在拿同样薪水、甚至低于现有薪水的工作。

　　因为他们对自己的工作不感兴趣，在他们看来，现在所做工作的意义仅仅是为了生存，而不是从事一项自己乐意开心的事业。还有一些人，他们的工作心态时好时坏，自己也很矛盾，因为他们只对自己工作中的一部分感兴趣，或在某个工作时间段里开心。

　　二八法则可以测量现在的工作是否适合你。如果在工作时你是快乐的，那么你应该多工作；如果在工作时你感到不快乐，那么你应该换个工作或减少工作。

　　那么，什么工作才算是完美的工作呢?

　　完美的工作绝不会把生活的空间全部塞满；完美的工作

是轻松的，而不会觉得承受巨大的压力、感受强大的束缚；完美的工作会让人觉得其乐无穷，而不是干起活儿来索然无味；完美的工作是让你在工作中和工作外感到同样快乐，至少在80％的工作时间里是快乐的，也至少在80％的闲余时间感到快乐。

找到人生最关键的事情

我们知道，工作、学习、生活都要讲究一定的方法。但是，怎样才能掌握这种事半功倍的好方法呢？至关重要的一点是把握关键，这一点在二八法则中得到了很好的验证。做工作时不应要求面面俱到，应该把握下手的关键地方，尽量避免烦琐的过程。

杰克是一家电话公司的总裁。有一次，他想在办公室的阳台上设计一个小花池，他对设计师说，自己工作繁忙，偶尔还要出国，因此没有时间经常照料这个小花池，设计师应着重设计出自动浇灌等省时、省力的装置。

设计师没有办法，只好说："你作为一名总裁应该很清楚，一个没有园丁的花园怎么可能长出花朵呢？"

这个故事的意思是，办事情要抓关键。不仅如此，二八法则还要求我们将"办事情抓关键"作为一种生活、工作和学习的习惯。具体实行时，应采取均衡、合乎自然的原则，把最重要的工作放在首位。那么，如何让自己做到这一点呢？

拿出纸笔，开始行动，我们有以下几点建议：

从现在开始，你认真安排一下自己未来一段时间的生活，做个详细的计划，给自己客观地打个分数。我们将时间定为两个月。这时你最需要明白的是，最关键的事情到底是什么？想弄清这个问题就要先思考：你最看重的是什么？人生是为了什么而奋斗？你希望自己成为怎样的人？为了达到这个目标，你能付出什么？

将这些答案记下来，你会发现，其中包含了你对自身的期望，以及二八法则对人生体现出来的一种原则。你不妨将它们作为个人的信念或使命。

如果你还没有建立自己的个人信念，那么，你可以通过下面的方法得知自己生命中最关键的事：

——你觉得最重要的事情有哪几件？

——人生中的人际关系代表着什么？

——你有怎样的长期目标？

——你能为目标做出怎样的贡献？

——重新思考你最想得到的体验是什么？

——如果你对生活失去信心，会有什么后果？

通过一系列问题的思考，你会更深刻地体会到，"办事情抓关键"是运用二八法则解决问题的基本要求，它所具有的现实性不容忽视：

——如果你了解了自己想要的东西，对生活会产生怎样的期望？

——你所记录的人生意义对你来说意味着什么？它是否

会影响你的时间、精力的安排？

——如果你每天都对这样的书面信念做一番检讨，那么，你以后的努力是否会受到影响？

——如果你已经清楚地意识到自己的价值观和期望，你会如何安排以后的时间？

如果你已经为自己的将来制定了这样一份表格，那么，在你还没有开始度过未来的一天之前，做一些反省吧！如果你还没有制定表格，那么请你想一想，生命中最重要的到底是什么？

仔细思考之后，你会明白，人生是极度的不平衡，因为我们常常急着扮演某一角色，却忽略了另一个可能更重要的角色。如果你是个将事业进行得有声有色、优秀的工程师，但无法做个好丈夫或好父亲，那么也就表明，虽然你善于满足别人的需求，但无法满足个人成长的需要。

其实，生活不过是各种角色无次序的组合。你并不需要在每个角色上花费同样的时间才能取得平衡，而是要抓住最关键的角色，完成最需要的事情。如果你清楚地认识到各种角色之间的关系，就会自然而然地这样做，你的生活也就随之保持一种平衡，也就是二八模式。人生的道理也是同样的，少数的关键人物占据主导地位，掌握全局。

具有创造财富能力的懒人

我们从小就被"一分耕耘，一分收获"这样的思想教育，多年来我们兢兢业业，我们虔诚地相信只要努力工作就可能获得相应的报酬。而二八法则向我们揭示出，这种观念并不正确，当然，接受这样一个观念对大多数人来讲都是残酷的。

二八法则告诉我们：做自己想做的事才能获得高报酬，单单工作努力只能带来有限的收获，它并非是达到目标的最好方式。

最具代表性的例子是美国巨富、投资大王巴菲特。巴菲特最初只有很少的资金，但后来，他分析自己的兴趣所在，只做了一点点分析就使资金增值，其速度远超过了股票的平均上涨率，他的成功并不仅是靠努力工作。

股票投资者经常购买许多股票，并进行买卖炒作，而巴菲特却买得很少，并且不卖，这样看来，他的工作好像无事可做，生活宽裕而轻松。他说这是一种"近乎怠惰"的投资哲学。巴菲特对传统的组合式多元投资法并不认同，他说那是挪亚方舟法："每种买两个，最后你会有个动物园。"

想想那些"具有创造财富能力的懒人"吧，看看他们是如何用"不劳而获"的。

一个要想成功的人就应该时常用二八法则来思考自己的工作。只要想想80%的收获来自20%的努力；其他80%的力气只带来20%的结果，你就不会盲目地向前而将自己的财力、精力都捐献给无偿劳动了。同时我们也不难发现，在我们周围，有80%的人只得到20%的收获，而有20%的人轻松就获得80%的酬劳。这些现实存在的现象难道不值得你好好想想，这多数人为什么不能得到更多的收获？而你能像

20％的成功者那样进行工作了吗？

如果你喜欢自己的工作，喜欢你的顾客，但是工作业绩始终徘徊不前，每天工作10个小时才勉强把一天的任务完成，这只能说明你工作的途径不正确，很可能把气力使错了地方，没有在关键环节多用心思。而如果花了最大的精力，却只有很少的收获，久而久之，你对工作就会因此失去信心和热情。

如果你觉得你在现有的工作场合不能挥洒自如，工作不开心，工作起来倦怠无味，与顾客之间也缺乏良好的沟通，那么，最好建议自己，今天就考虑换一个工作吧。

利用二八法则，重新衡量一下你的工作，观察哪一个同事待遇好却总是很轻松？他们正在做什么样的事情？不要一味地抱怨，而应该善于观察、总结和反省自己。

对那些让你耗费80％的时间却得不到收获的事物，尽量少做或者放弃吧！它们会像小齿轮一样，渐渐地磨光了你的睿智和激情。

这样说并不是在提倡懒惰。工作只是一种满足人类内在需求的活动，它应该是愉快而不是痛苦的，二八法则很重要的一个思考方式就是告诉大家：工作与生活中的事情都要存在得有意义，有价值，让人有愉悦感和满足感。用最少的工作换得最多的价值；工作的质比量重要；切不可在没有价值的事上消耗精力。

对每一位顾客，在任何一个场所，在所有公司和职业中，你都可以找到一种二八法则的分析方式，从而把工作做得更有效率，而且能够获得更高的报酬。

各领域中的失衡现象

流行音乐专辑超过80%的销售量集中于不到20%的几种；

80%的电影票房收入来源于20%的影片；

拳击和网球项目的比赛奖金，总资金的80%归于不到20%的职业选手；

赛马中，80%以上的奖金落在不到20%的马主人、骑师和训练人员身上。

……

这一组数据以铁的事实体现了二八法则所展示的不平衡原理，世界上这种酬劳分配失衡的现象普遍存在。在当代生活和工作的任何活动中，受到重视的人，通常是那些占据全国人口不到5%的，这样的数目与"大多数人"比起来是不可想象的。在体育运动中，在影视界，在音乐界，在政坛以及其他可界定专业范围的领域，知名人士的名字总是堂而皇之地占据了重要地位，拥有80%以上的曝光度，被天下人所知晓。同时这些人不光享有了普通人羡慕的名声，同时也把行业内大部分的酬金名正言顺地收为己有。

美国参加海湾战争的一个著名将军，写了一本关于海湾战争的书，其销售量超过了100万册，为此，他获得了200多万美元的利润。而其他军官也出版了类似的图书，其中最好的一本只卖了约2万本，只相当于这位著名将军销量的2%。

少于20%的为大家所熟知的人物，其拥有成功的机会也比普通人多。

寻找适合自己的职业

从各领域中的失衡现象可以看到，对于真正在工作的人而言，酬劳的分配是既不平均又不公平的。能不能多赚钱少工作，关键在于找到适合自己的事情，能发挥自己的才干，而且只在能产生高价值、高利润的工作上效力。

所谓找到适合自己的工作，就是要找到与自己性情相投的工作，包括自己的兴趣爱好、脾气性格、气质魅力、才情特长，这些像是小齿轮，只有"工作"这个"大机器"与之匹配，才能很成功地运转起来。

气质，是一个心理学名词，是指人们心理活动的速度、强度、稳定性和灵活性等方面的心理特征。例如，多血质的人反应敏捷，善于交际，但注意力容易转移，情绪也多波动；胆汁质的人精力旺盛，情绪体验强烈而持久，但自制能力差，容易激动；黏液质的人安静沉稳，内倾明显，反应速度慢，但稳定性强；抑郁质的人情绪兴奋性低，但体验深刻，反应速度慢而不灵活。

然而，寻找适合自己的职业，还应该从以下几个方面考虑：

——兴趣：

兴趣是第一老师。在选择职业过程中，选择自己感兴趣和喜欢的工作对自己无形中有种强大的推动作用。但是，兴趣和爱好只能作为重要依据，而不是决定工作的主要因素。因为，不是每个人对于自己的爱好都擅长，就像爱读书的人不一定能成为作家；喜欢音乐的人不一定能成为音乐家一样，只有把它们建立在一定的能力基础之上，并与社会需要相结合，兴趣、爱好才会获得现实的基础，也才有实现的可能。

——性格：

性格决定命运。找一份与自己性格相投的工作可以轻松应战，而一份与自己性格背道而驰的工作只会让自己疲惫不堪。根据性格选择职业，能使自己的行为方式与职业工作相吻合，更好地发挥自己的聪明才智和特长，从而得心应手地驾驭本职工作。例如，理智型性格的人喜欢周密思考，故适合于选择管理性和研究性的职业；情绪型性格的人通常表现为情感反应比较强烈和丰富，故适宜于艺术性的职业等等。

——能力：

社会分工愈来愈精细，各种职业都对人们提出了更高的要求，因此在选择职业时，必须了解自己的优势所在，了解自己能力的大小以及自己的能力在哪些方面表现得更突出之后，再做出选择。这有助于择业的成功，并保证在今后的工作中做到扬长避短，争取以20％的付出创造80％的回报。

选择一份适合自己的职业非常重要，没有哪个成功人士对自己的工作深恶痛绝。热爱自己的工作，并且在上面游刃有余地发挥自己的才能是人生一大乐事。

把时间用在能创造高利润的活动上，就要有决心放弃那些你付出了80％的劳动，却只换来20％收获的活动。不要自欺欺人，为这些没有价值的事情找借口，否则你只会作茧自缚；也不要梦想这没有用处的 80% 的事态会好转，否则你的成功之路只能是南辕北辙，最终眼睁睁地看着别人的成功而自怨自艾。

从工作中得到乐趣

组成人生的重要部分之一就是工作的乐趣，它比财富、地位更重要。如果你的工作给你带来紧张、厌倦和失望，那么即使它包含的名利很高，你的人生也会极度痛苦。

二八法则的原则是：工作的意义在于用最少的时间获得最高的报酬，同时还要从中得到乐趣。

想从工作中得到乐趣的首要条件是，让自己成为工作的主人，而不是奴隶，无休止地日夜工作正像无休止地玩乐一样有害。

从工作中体会到的乐趣不是最后的结果，而是中间经历的过程。正如一个演员的快乐来自拍戏的过程，一个老师的快乐来自教学。

每一项成就都需要经过苦练，因此大部分的工作都可以靠训练来胜任。

被社会公认的成功者都有一个共同特征：他们对工作认真执着，从工作中得到的乐趣是地位、冒险的报酬和理想的实现。

我们熟悉的人有，在美国苹果电脑的创始人杰伯、反败为胜的艾柯卡；日本松下电器的创始人松下幸之助、丰田汽车的会长丰田英二等。

他们认为，工作就是乐趣。这种乐趣产生于对工作的胜任、付出的代价以及最终产生的效果。这三点可以用三项基本的经济原则来说明。

——比较利益原则

一个国家要选择经济发展策略，一个人也应该选择自己最擅长的工作，当他和别人比较时，自己的专长更有利益。如果让诗人改行当会计师，或让会计师改行当诗人，这些都违反了比较利益原则。

学会选择自己的比较利益，就不会羡慕他人，痛苦也减少很多。别人擅长的不一定自己也擅长。只有发挥自己的专长，才抓住了重点，才能胜任工作，才能觉得工作愉快。

——机会成本原则

二八法则主张：选择那些能够带来最高价值的工作，并为此付出最大的努力。因此，当你决定选择某项工作时，就只能放弃其他工作。如何取舍它们就能够反映出二者的机会成本。

只有了解了工作的机会成本，才能够减少对工作的厌倦或散漫，对工作更专注，更认真。

——效率原则

工作能否取得成果和工作时间无关，而在于工作的效率，效率越高，附加价值也越高。二八法则主张：用最少的工作获取最多的价值；工作的质远远重于工作的量；切忌在不对头的事上认真。

每一个人都应当从工作中得到乐趣，因为它和健康一样珍贵，比名利更难得到。

成就来自激情

工作的准则是做自己喜欢的事，不要对自己不喜欢的工作付出精力，因为那样毫无意义。

生活中有20%的人一开始就选择了自己喜欢的事，将它作为自己的工作，最后，他们不仅得到了80%的财富，还享受了80%的工作中的快乐。

有些整天无精打采的人认为工作和生活毫无情趣，怨叹工作的单调和人生的乏味。其实，他们悲观的主要原因是因为自己正做着不感兴趣的事。

我们常常看到：有些人的学识渊博，但他们从事的职业不符合他们的才能，久而久之，工作的能力就丧失了。因此，一份不称心的工作最容易摧残人的精神，埋没人的才干。

只要职业和你的兴趣相投，你就几乎不会陷于失败的境地。而且，只要你选择了真正喜欢的职业，工作时也不会觉得厌烦，反而觉得精神焕发，每一天都过得很愉快，绝不会无精打采、垂头丧气。另外，一份合适的职业还有助于你充分发挥各方面的才能，迅速地进步。

那些20%的有大成就的人无不喜爱自己的职业。

举世闻名的艺术家凡·高，生前极度穷困潦倒。他逝世后，无数人被他的绘画才能所感动，他给后世留下了最宝贵的精神遗产。也许你猜想，凡·高一定从小就开始学画画，但事实不是你想象的那样。凡·高一开始是画商，然后做了一段时间牧师，直到30多岁时，他才拿起画笔，但他最终成功了。

如果凡·高一直做画商，世上也许会多一个富翁；如果凡·高一直做牧师，世上也许会多一个主教。但凡·高选择了绘画，从此世上有了《向日葵》《星空》等不朽画作。

凡·高选择绘画的原因就是他对绘画有兴趣。有了兴趣以后，他才能承受常人难以想象的经济上的、精神上的压力。俗话说："有了爱好才能做得精巧。"只有选择感兴趣的工作，才能对它竭尽全力，脑子里才会不时闪现灵感，靠着这些灵感最终迈入了成功的大门。

那些持有"工作真无聊，不喜欢"想法的人，即使勉强去做，也无法取得成功。

为了成功，你应该选择自己喜欢的职业。其实，为工作烦恼的人在多数情况下，都不能尽职尽责地工作。

喜欢从事广告撰稿员、设计师等有创意性工作的人，如果让他们做表格计算，整天和数字打交道，他们肯定会感到痛苦；同样的道理，那些有绘画、音乐等艺术才能的人，如果让他去做销售员，他也没有兴趣。

怎样才能了解自己感兴趣的事呢？方法有两种：一是了解自己是否具有独特的天赋；二是从事那些你觉得兴奋刺激的事情。

如果将眼光投向自己的喜好，大部分工作都能顺利进行，而且在工作的过程中，你的自信会逐渐增强，同时进取心也会加强，自然而然地养成"怎么将工作做得更好"的钻研精神。

自己喜欢的工作就是好工作。如果社会中有了更多的好工作，对那些20%的闲置人员有利；如果工作减少了许多，对那些20%的辛勤工作者有利。不管是何种方式，对社会都能产生有利的影响。

不为薪水而工作

二八法则表明，那些20%的成功者都是为自己工作。即便是为别人工作，他们也觉得是自己的工作，很少会单纯为薪水而工作。

如果你付出了80%的努力，但只得到了20%的效益，那么可以断定，你是在为别人工作，或仅仅是为薪水工作。要想避免这样的结果，就应该将工作视为自己独立的公司，也就是说，在为自己工作。

每个人都希望名利双收，但我们应该记住："薪水的多少并不是最重要的，最重要的是工作本身给予的报酬。"

快乐的工作能丰富人的思想、增进人的智慧。如果一个人没有其他较好的动机，仅仅为了薪水而工作，那他是不忠实的。因为他在进行自我欺骗，他在日常工作的质量中欺骗自己，而由于欺骗所遭受的损失则永远无法挽回。因此，一个只是为了薪水而工作的人，他没有高尚的目的，所做出的选择完全是错误的。

一个人如果过多地考虑薪水高低，看不到除此之外的可以从工作中获得的其他种种报酬，他最终只能从80%的劳动时间中得到20%的回报！

如果雇主支付的薪水非常微薄，你固然可以用敷衍的态度来加以报复。但是，你应当明白，自己在工作中获得的报酬乃是宝贵的经验、严格优良的训练、品格的建立和表现才能的机会，这些东西的价值和金钱相比，无疑要高出万倍。

你在工作中投入的量与质决定了你的整个生命之质。尽管薪水微薄，但你若不安于"次好"与"较低"，对一切工作都愿付出至善的服务、至高的努力，这种精神可以鉴别出你能否获得成功。

许多人因为所得的薪水和自己的付出不符，于是工作时故意降低工作质量，对工作抱着躲避不及、愈少愈好的态度，以此表示和雇主付出的薪水"两讫"，结果却抛弃了"工资袋"以外的种种优厚报酬，宁愿自己变成一个狭隘、无效率、腐败的人。

就在他们认为用吝啬、不负责的服务抵消雇主薪水的同时，他们也阻碍了自己的成长和前程。毫无疑问，雇主会依据雇员的业绩决定晋升，每一个管理者都愿意得到一个能干、负责的员工。所以，那些在工作中尽心尽职、善始善终的人，最终会得到丰厚回报的机会。

薪水当然是越多越好，但和不断获得晋升的机会比起来，这是微不足道的。通过工作中的耳濡目染，你会获得大量的知识和经验，这是工作所能给予你的最有价值的报酬。

开创自己的事业

如果你是位专业人士，希望得到同行的肯定和赞赏，或希望成为该行业的佼佼者；

如果你无法适应工作环境，希望能独立创业；

如果你喜欢自己的工作，却不满意现有的薪水；

如果你坚信：找工作不如自己创业；

……

那么，你应该选择自己创业。

80％的价值来自20％的专业人才，这条定律符合任何一个企业。那些创造佳绩的20％人员所拿的报酬虽然高于表现一般的职员，但是，这并不能体现其中的真正差别和价值，因为聪明的老板绝对不会按你的真正价值来付酬。

比如一个几百人的公司，尽管老板的比例低于全公司人员的1％，但他享有公司80％的利润。因此，如果你认为已经时机成熟，也可以用同样的道理赚钱。

一直研究二八法则的专家理查德·柯克和其他两位合伙人认识到这一点，于是决定自己开公司来赚钱。过了几年，公司逐渐壮大，拥有了上百名员工。按照二八法则来看，柯克和合伙人付出了不到20％的努力，却享受了超过80％的公司利润。

惠尔特和普克德于1938年从斯坦福大学毕业，此后饱尝了求职谋生的艰辛，也见到了很多人因找不到工作而走投无路的窘态，于是悟出一条人生哲理：找工作不如自己开创事业，给别人创造工作的机会。

于是他俩舍弃了受雇于人的想法，东挪西凑地弄来538美元，租了加州的一间车库，合伙开创自己的事业。

　　刚开始创业时，他们试制的显示器无人问津，研制的音响调节器也销不出去，但两人始终没有气馁，依然夜以继日地研究、改进。第二年，他们赚到了1563美元。

　　创业的可贵就在于永不停步，永远进取。20世纪70年代初，普克德敏锐地发现了当时还处于"幼年"的微电子工业，他认为，工业的未来离不开微电子。

　　1972年，惠普研制出世界上第一台手持计算器，也就是后来微电脑的重要组成部分。1984年，惠普研制出激光喷墨打印机。直到现在，惠普仍然是电子计算机硬件技术方面的最重要的电子元器件配套设备供应商之一，在全世界的微电子工业中占有重要的一席之地。

　　所以，我们应该尽量专注那些能带来更高价值的事物，一旦时机成熟，就能够将自己的工作全部归为己有。

人际交往的二八法则

我们遇到问题时，一般都希望能够自己独立解决，但是，如果问题很难解决以致陷入僵局时，就应该请教那些能指点迷津的人，得到他们的帮助和建议，顺利地解决问题。因此，你选择朋友时应挑选那些对自己的目标最有利、最有用处的人。

俗话说："在家靠父母，出门靠朋友。"对我们来说，朋友不仅是一种情感需要，而且应当给自己的事业和人生带来巨大的利益。事实上，如果没有朋友的帮助，我们在社会上绝不可能成就大事。虽然朋友多并不表示一定会成功，但成就事业的人不可能没有朋友。

人在一生中能够建立的人际关系数目是非常有限的，而且所有的人际关系都是一样的，虽然地理位置、文化和生活习惯有些不同。在我们的一生中，影响最大的往往是一小部分人，他们的比例约占人际关系总数的20%。但是，恰恰是这 20%的人际关系，构成了我们 80%的情感价值。

人类学家的研究表明，一个人的交际能力和资源一样，也会出现流失或耗尽的情况。比如，每天和人打交道的业务员和频繁搬家的人，他们的交际虽然广泛，但大部分流于表面。

因此，那些通晓二八法则的人为了达成自己的目标，会小心选择朋友。

有人说：应该对生活中的人进行"名片整理"。这并非是让我们将朋友划分等级，而是根据不同的工作需要和重要程度来决定的，这样就可以保证我们把时间和精力投入到高质量的活动中。

一般情况下，我们每个月都会交换一百余张名片，其中可以归为"A 类"的约占 20%，也就是说，在所有的人际关系中，20%的朋友给我们带来了 80%的价值。

发现生命中重要的人

"交朋友时应选择益友。"这句话的意思是，我们在广泛交友的同时应该更注重那些给我们带来 80%价值的 20%的人，并不是说，对于不能带来益处的人，我们一概不结交。

每个成功者的经历都能够表明，他们所获得的成绩，至少有 80%是由不到 20%的朋友提供的，这些 20%的关键朋友对他们的生活起到了重要的作用。对于个人交友及职场而言，拥有数量少但程度深厚的人际关系，远远胜于广泛而肤浅的关系。

如果让你说出朋友的名字，你可能会说出上百个，但是，如果我们进行一下评估，就会发现，每个朋友提供的价值有着天壤之别，通常有五六个人比其他的重要得多。因此，朋友不在于数量的多少，而在于真正的价值。你和每个重要朋友之间的真正关系是，他们能及时给你提供帮助，共同谋求利益。你们之间必须相互信任。

现在，你拿出纸笔，按照生活和工作，分别写下对你来说最重要的朋友的情况，然后看看谁更重要。测验的结果也许会让你感到惊讶，但是，你从此就能够合理地调配人际交往，将自己的时间和精力花在最重要的人身上。

如果一个人想获得稳固而长期的成功，就必须掌握20%的关键的人际关系，那么，你也就掌握了80%的成功。

中国有名的清朝大商人胡雪岩生前名满天下，广结人缘，但真正影响他的人物只有两个——杭州知府王有龄和湘军名将左宗棠。王有龄助他站稳脚跟，左宗棠助他飞黄腾达。

胡雪岩和王有龄认识时，王有龄正处于落魄之中。当时，胡雪岩还是钱庄的伙计，他冒着危险将钱庄的500两银子挪出来，慨然赠予王有龄，在他打通做官的环节中出了一臂之力。王有龄得到胡雪岩相赠的500两银子后找到了昔日的同窗何桂清，在何桂清的帮助下，他顺利当上了浙江海运局坐办，专门主管海上运粮的船只，这个职位在清末算得上是肥差，从此王有龄红运大发，胡雪岩也有了东山再起的机会。

接下来的左宗棠让胡雪岩的事业更上一层楼。他们相遇之时，左宗棠正忙于攻陷杭州城，当时军队急需粮草和军饷，官兵吃不饱，没有力气作战，又没有钱发军饷，因此更没心思卖力打仗。胡雪岩没有提出任何条件，出钱出力解决了这两项难题，从此两人结为生死之交。

从这个例子可以看出，能够影响我们一生的人往往只有几个。当我们知道他的重要性以后，就应该在交往中更加注重这关键的 20% 的人物，这样才能把握自己的人生。

职场守则的第一条就是："重要的不是你知道什么，而是你认识谁。"也就是说，仅有能力远远不够。这条不成文的生存法则，是我们应当接受并妥善利用的。

近朱者赤，近墨者黑

环境和朋友对我们一生的影响非常巨大，可以说，有怎样的朋友就会有怎样的命运。生活中的每个人都会寻求朋友，但是应该避免结交那些有害无益的人，以免被他们带入深渊。

我们应尽量和那些乐观向上、品格高尚、有进取心、有才能的人交往，这样才能拥有一个良好的生存环境，从朋友那里获得好的精神食粮和真诚的帮助。

如果你误入歧途，结交了那些思想卑劣、品格低下的人，你就会受到他们的拖累，在恶劣的环境中越陷越深，最终无法自拔。

如果一个人能够从朋友那里学到更多的知识、更好的品质，那么他个人的力量也越大。因此，我们应该结交那些比自己更优秀的人，选择那些能够为我们带来益处的人，用二八法则分析，他们属于给我们带来80%价值的20%的朋友。

不过，这些话的意思并不是说你应当结交那些更有钱的人，而是说去结交那些各方面都比你更出色的人，他们能够提供对生命有益的养分，你吸收之后会得到许多好处。

结交那些懂得自尊自爱的人。如果一个人不知道自尊，就不会尊重别人。所谓"近朱者赤，近墨者黑"。如果朋友们都懂得自尊自爱，那么你和他们之间都会互相尊重。

结交身心健全的人。这样不仅能得到他人的尊敬，而且有利于促进自己的身心健康，提升道德修养。

总之，在你的生活或职业生涯中，你所交往的人不管是从认知上，还是从行为方式上，都能对你造成深远的影响。你不妨仔细分析一下自己的朋友，认真回忆一下自己的每一段经历和工作中、其他场合中的人际关系，你会发现，那些和你关系密切的朋友或多或少都对你的思想产生了积极或消极的影响。

如果你经常和悲观的人在一起，你也会变得和他们一样消极。因为他们经常会说一些令人沮丧的话，比如经济衰退、曾经遇到的困难、可能出现的糟糕的问题等等。你听了这些话一定会觉得沮丧透顶，或者对前途感到倦怠，提不起行动的精神，最后，你所有奋发向上的动力和决心都被这些消极的信息腐蚀了。

而那些热情、积极、乐于助人的朋友们会使你振作，你从他们身上学会了积极地对待人生，从而继续追求自己的目标，浑身充满了蓬勃的活力，你会感觉焕然一新，自我感觉也更加良好。因此，一个成功者不可缺少的基本要求就是和乐观的人交往，你会变得更积极、更乐观，人们也乐意和你结交。

成功者在发展人际关系时总是竭力避免那些会阻碍他们成功的人。这些人包括：缺乏幽默感或消极的人；总想改造别人的人；苛刻挑剔的人；做事磨蹭、浪费时间的人；不守承诺的人；猥琐、爱撒谎的人；自私自利的人和总是作威作福、不可一世的人。

从现在开始，你应该拓展占20%却给你80%价值的人的关系，尽量接近那些行动积极、乐于助人、目标坚定的人，远离那些沮丧消沉的人。

如果我们不慎结交了坏朋友，应及时采取补救，用敬而远之的态度对待他们，因为，筐里的一个烂苹果会使整筐苹果都烂掉。

路遥知马力，日久见人心

二八法则的意思是，在我们所有的人际关系中，80%的价值来源于20%的朋友。

一个人生命中最重要的就是如何选择朋友。一个没有朋友的人无法成就自己的事业，但是，很多人做出了错误的选择，更多的人甚至不知道如何选择。

我们该如何确认那些具有80%价值的20%的朋友关系呢？

拿出纸笔，首先写出给你提供最大帮助的朋友，然后按照他们对你的帮助程度进行排列和划分。一般情况下，从前对你帮助最大的人将来也会带来更高的价值。

但是，偶尔也会有一些本来不起眼的朋友，由于正确投资而大赚了一笔，或者因为官运亨通而得到一个重要职位，他们极具潜力，也可能成为给你带来帮助的人。因此，你应该按照他们在将来是否能帮助你的能力再排一次顺序，如此一来，你就很容易看出那些对你更有意义的人。

除此之外，你还要学会看人，学会如何辨别那些可以结交的人，和能够对你产生有利影响的人。

如何看人是一门很深奥的学问。据说有的人能够从走路方式和表情判断一个人的性情，但是这种看人的本领可信度不高，我们不是非学不可，更何况，你也不一定会有学习的兴趣和耐心。

但是，我们每天都要和许多不同性格的人共事、交往、合作，不会看人还真是不行！如果你对此毫无研究，千万不要用书上的相面术生搬硬套，用在现实生活中，因为这种做法很容易使你看错人，好坏不分。

那么，在一般情况下，我们该如何来看人呢？

第一，用时间来看。

所谓用时间来看是说，不要在刚见面时就对一个人的好坏下结论，而应该通过长期观察。太早下结论，会使你因为个人好恶而发生偏差，影响你们继续交往的可能性。另外，由于生存和利益，很多人都会戴着假面具，刚见面时更不可能避免，这种有意识的装饰往往让人吃亏上当！

当你们初次见面后，不管你对他是否一见如故，或没有共同语言，都应该采取"用时间看人"的办法，保持一定距离，不要掺入主观好恶的感情因素，然后仔细而冷静地观察对方的举动。

事实上，不管人如何隐藏本性，时间一久，终究要露出真面目，因为戴面具是一种有意识的行为，时间长了，任何人都会觉得累，不知不觉中就会摘下假面具，就像演员一样，到了后台就会把面具拿下来。当他摘下面具时，真正的本性就露出来了，可是他绝对不会想到，你正站在一旁观察他！

"用时间来看"的办法能够让你的同事、朋友一个个都现出原形！你用不着去揭他们的假面具。所谓"路遥知马力，日久见人心"，正是这种方法的最好例证！

用时间很容易辨别以下几种人：

不真诚的人。因为他不真诚，对人必定会先热后冷，先密后疏。

撒谎的人。人一旦撒了谎，必须用更大的谎言去圆前面所说的谎，而谎言说得太多，就会露出前后矛盾的破绽。时间正是检验谎言的利器！

言行不一的人。这种人所说的话和所做的事完全不同，时间一长就能发现他的言行不一！

第二，用"打听"来看。

"用时间看人"虽然很好，但有时可能来不及，比如马上就要决定是否和某个人合作，可是又不知道他的为人，此时运用这种办法显然来不及。

有人遇到这种情况往往凭直觉，感觉怎样就怎样。

不过，"直觉"这个东西是一种很玄妙的心灵现象，不能用学理去解释。一般情况下，你尽量不要通过直觉去看人，哪怕你过去的直觉经验非常准确。由于人的生理、心理状况会受当时环境的影响，因此，你的直觉也会受到干扰。

这时比较可靠的办法是——多方面打听情况！将所有得到的信息汇集起来，就能够了解这个人！

每个人都要和别人交往，同时他的本性也会暴露在不相干的第三者面前。意思是，虽然他不一定认识这个第三者，但这个第三者知道他的存在，并了解他的思想行为。

戴面具的人不可能永远戴着，当他处于没有舞台和对手的时候，就会摘下假面具，这时会有很多人看到他的真面目，和他交往、合作的人也会对他产生各种不同的印象。因此，你可以向不同的人打听他的为人处事，然后将这些听到的信息归纳起来，总结出最重要和次要的地方，那么，你就能够大致了解这个人了。

当然，打听时也要看对象。如果是他的密友，你听到的多半是好话；如果是他的敌人，你听到的坏话可能更多些。所以你询问的人不要局限于他的朋友，应该尽量多询问其他人，包括他的同事、同学和邻居，这样一来，你就能把了解的情况进行综合分析，避免出现片面情形！

同时，你也可以看看对方交往的都是什么人。俗话说，"物以类聚，人以群分"，也就是说，价值观相近的人才能合得来。比如，勤奋踏实的人不会和投机取巧的人在一起；喜欢酒色财气的人也绝不会和直爽正派、自律甚严的人成为好友！从一个人的交友情况能够大概了解这个人的性情了。

我们只有学会了看人，才能够区分真正对自己有价值、有助于自己发展的 20％的朋友关系，才能够提高自己的交友水平。

与快乐的人相处

如果你在某些人身上花了许多时间，最后的结果却让人失望，这种错误的人际关系应尽早结束。你应该明白：全部快乐的 80％是由身边 20％的人带给你的！

当你和一个性格完善的人相处时，常常会感觉自己浑身充满了力量，身体的各部分机能也变得敏锐起来，仿佛将从前隐藏的力量全部释放了出来。总之，我们能够从快乐的人身上感受到积极的生活态度。

一个爱抱怨的农场主总是对自己经营的农场牢骚满腹。有一年，农场获得了大丰收，马铃薯的产量和质量都超过了历史纪录。农场附近的邻居们暗想，现在他该不会抱怨了吧！谁知道他仍然抱怨："一点不假，可是现在，我从哪里找那么多坏的马铃薯来喂猪呢？"

阻挠我们成功的障碍包括沮丧、焦虑、漠不关心、优柔寡断、推托、过分追求完美、苛刻、责难、怨恨、困惑、罪恶感等等，这些都是负面情绪的表现。虽然这些情绪很难用科学来解释，但是每个人都能体会它。如果你想消除这些障碍，那么最重要的环节就是拥有一个好心情和乐观的人相处。

或许你也有过这样的经历：在某个地方，或和某些人相处，你会觉得脖子酸痛、精神紧张、疲惫不堪，你不明白到底哪里不对劲，但就是感觉不舒服；和另一些人相处时，你的精神开始振作，身体的不适也慢慢消失了，和他们在一起，你觉得事事顺利，他们焕发出的能量让你感到更快乐、更安详、更自信。

这种现象并非偶然，它是精神能量交流的结果。一个精神能量低的人和一个精神能量高的人交往时，前者会受益无穷。因为精神能量会在两人之间流动，直到获得最后的平衡。

请你想象一下，甲、乙两个玻璃瓶的底部有管子相连，每个管内都有活塞——它可以控制玻璃瓶中的液体流量。请你先关上活塞，然后在甲瓶中装满蓝色液体，乙瓶则什么也不装。当你打开活塞后，这两个玻璃瓶内会发生什么变化呢？

——它们都装满了蓝色液体。

同样地，如果你是一个精神能量高的人，当你和一个能量低的人交往时，能量就会从你身上流到他的身上。不过，上面的例子描述了"量"的流向，并非是"质"的交流。为了充分了解"质"的情况，现在，我们再回到玻璃瓶的例子。

关上活塞，在甲瓶中装满冷的蓝色液体，乙瓶中装满热的红色液体，然后打开活塞，这时，两个瓶子会发生什么变化？

首先，冷热液体互相交流，温度达到平衡，接着，两个玻璃瓶内的液体都会变成紫色。

如果你是一个快乐的人，当你碰到一个忧虑的人以后，那个人的心情很快就会好转，而你的心情会变得糟糕。虽然你不会立刻受到影响，但几小时或几天之后，你会逐渐变得忧郁起来。

如果你想转变自己的心情，就要常常和快乐的人交往，这是你实现幸福生活愿望的前提条件。想得到80%的快乐，你就必须和那些20%的快乐的人相处，这样，你就能长久地快乐，远离哀伤。对于生命中得到的东西，我们应该感激；对于那些失去的东西，我们不要太计较，这样才能消除前进道路上的障碍，更愉快地生活。

维护关系

二八法则对人际关系做了以下令人震撼的假设：

——每个人都应该选择生命中最重要的朋友。如果没有朋友，我们无法成就任何事业。

——在所有的人际关系中，20%的人带来了80%的价值。

——在我们得到的价值中，80%是来自20%的人际关系。

但是，有一个重要的事实表明：我们对于产生80%价值的20%人际关系并没有付出80%的关注。

很多人根本不知道这些带来80%价值的20%人际关系的兴趣和喜好，很少花时间去研究他们，更没有好好地维护这些关系。

罗斯福住在牡蛎湾时，每一个拜访过他的人都会对他博大精深的学识记忆犹新、感慨万分，因为他使所有来访的人觉得非常愉快。

他是如何做到的呢？答案很简单，当罗斯福决定接见一个人的时候，就会在头天晚上仔细研究对方的个人资料，了解对方的兴趣所在。因为他深知，维护关系就要深入人心。

还有一个例子，是关于爱德华先生的——他曾从事童军的教育工作。

有一次，一名童军想参加在欧洲举办的"世界童军大会"，因此极需一笔经费。爱德华希望一家大公司的董事长能够解囊相助，于是前去拜访他。

爱德华出发之前，曾听说这个董事长开过一张面额100万美金的支票，后来因故作废，于是他特意将支票装裱起来，挂在墙上当作纪念。所以，当爱德华踏入董事长办公室之后，立即要求参观一下这张装裱起来的支票。爱德华说，自己从未见过其他人开过如此巨额的支票，因此很想见识一下，好回去告诉那些小童军们。董事长马上答应了爱德华的请求，并给爱德华详细地讲述了当时开支票的情形。

爱德华先生并没有开门见山地提出筹措资金的事，他提出的是对方感兴趣的话题，最后的结果怎样呢？

爱德华·查利弗不仅使董事长答应赞助5个童军去参加"世界童军大会"，还得到了其他的帮助，董事长任命他为该公司在欧洲分公司的主管，并提供所有的服务。

如果爱德华一见面就引对方答应赞助的话，事情也许没有这么顺利。

在商场上，这套方法也能出奇制胜。

杜文诺是纽约一家著名高级面包公司的创始人。当时，为了将产品销售给纽约的一家大旅馆，他每星期都会打电话给该旅馆的经理，连续坚持了 4 年之久。另外，他为了维护这个重要的人际关系，经常租用这家旅馆的房间，希望达成交易，但是最后还是失败了。

后来，他仔细阅读了一些关于如何维护关键人际关系的书，决定改变战略，先了解对方感兴趣的事，以此为话题来引起对方的兴趣。

经过了解，他发现这个旅馆经理是"美国餐旅业协会"的会员，后来因为热心会务被推选为该会的会长，只要是协会组织的会议，不管有多远，他都会不辞劳苦地赶去参加。

所以，杜文诺后来和他见面时就以会议为话题，这个经理果然有了兴趣，还热心地邀请杜文诺加入组织。这次谈话从头到尾都没有提到关于面包的事。几天之后，旅馆餐饮部的负责人就给杜文诺打电话，让他把面包样品和价目表送过去。

杜文诺跟那位旅馆经理打了 4 年电话，效果却比不上这一席长谈，如果杜文诺始终没有调查了解他的个人兴趣，也不会有后来的发展！

可见，维持对自己产生 80% 价值的 20% 人际关系的最好办法，就是经常引出对方感兴趣的话题，这样他会产生被重视的感觉。

距离产生美

在所有的人际关系中，对我们最有价值的占 20%，但是，这些重要的人际关系有时会由于一些原因而崩溃。一个人能拥有高价值的朋友非常不容易，如果关系崩溃，是一件很可惜的事。

在我们的一生中，总是不断地结交新的朋友，但是，真正重要的仅仅是那些产生80%价值的20%的朋友，如果失去他们，毫无疑问，是人生的重大损失。因此你要牢记：好朋友要保持距离！

一旦人们发现，彼此间的气质互相吸引，就会立刻产生一见如故、相见恨晚的感觉，很快就越过鸿沟而成为好朋友。这种情形对同性或异性都适用。

不过，双方就算再有好感，总归还是有差异，因为彼此的生活环境，受过的教育都不同，人生观和价值观也不可能完全一样。当两人度过甜甜蜜蜜的日子以后，彼此的差异就会暴露出来，这时摩擦就不可避免了。双方的态度从尊重、容忍演变成要求！如果没有如愿达到要求，背后的挑剔和批评也开始出现，最后的结果是结束友谊。

很有趣的是，好朋友之间的感情类似于夫妻间的感情，有时候造成感情破裂的往往是一件小事。因此，对于那些能够产生高价值的好朋友，应该保持一定的距离，以免太接近而产生摩擦，最后造成彼此的伤害！

怎样才能保持距离？

一句话，就是要避免整日在一起，过分亲密。意思是，彼此间的心灵是贴近的，肉体却应该保持距离。保持距离也就能保持礼貌，礼貌则是防止双方产生摩擦的海绵。

如果你认为保持关键的20%关系不可缺少的条件是亲密

无间，那你就大错特错，最后可能会导致相反的结果。

当然，在商业社会，每个人都很忙，如果过分保持距离，长久不联系，很容易就会疏远对方，甚至遗忘。因此，好朋友之间应隔段时间打打电话，聊一聊，了解一下对方的近况，偶尔见面，吃吃饭。否则，当你需要这些朋友时，也许他已经不能提供任何帮助了。

总而言之，为了保持这些最重要的20%的人际关系，彼此的友谊不间断，你应谨记：好朋友也要保持距离！

朋友也要分远近亲疏

也许你会问：朋友相交贵在以诚相待，此乃至理。为何要分出远近？这种做法岂不是不真诚？但事实并非如此。

二八法则表明，选择那些能够提供80%价值的20%人际关系，能更加有效地提高我们的生活效率。因此，掌握二八法则的人会将自己的朋友区别对待，选择有利的少数来完成自己的目标。

有一个人说自己的朋友很多，简直算得上是天下第一！于是有人问他，他对所有的朋友都一视同仁吗？他说："当然不，我要分远近的！"

他说，自己对朋友都是真诚的，没有想过要去利用或欺骗谁，但是，那些主动来结交他的人不一定每个人都是诚心的。在我的朋友中，尽管品行高尚的人很多，但想从我身上得到利益的人也不少。因此，在不得罪人的情况下，我将朋友们分出了远近。

将朋友分出远近亲疏，这种话听起来似乎不合情理，但仔细思考就会发现它的必要性。既可以提高自己的生活效率，又可以保护自己，免受伤害！

　　但是，由于每个人都有自己主观的感受，因此，将朋友区别对待并不容易。我们常常把一肚子坏水的人当成知心好友，甚至别人提醒时还不能及时醒悟，直到最后被他们连累或伤害时才恍然大悟。另外，有一些朋友的重要性并不明显，你可能将他划分在并不重要的80％中，忽略了和他的交往。由此可以知道，这是很难的，但是，你必须勉强自己做出这种决定不可，尤其是面对复杂的人性和效率低下的生活时。你只有在心理上做好准备，那么交朋友时才会比较冷静、客观。

　　对感情丰富的人来说，将朋友分出远近是比较难的，因为他们在对方尚未投入之前就将他们当作朋友了，另外，他会有罪恶感。正是由于这种性格导致了他们把精力平均分配给所有的人，最后出现了"收支失衡"，甚至危及自身的利益，产生负面效果。

　　我们可以依照二八法则将人际关系分为，提供80％情感价值的20％人群和提供20％情感价值的80％人群。可以深交的朋友，你可以和他分享一切的成果；至于不可深交的朋友，只需维持基本的关系，这就如同将真正的客人请进来，至于业务员之类的，在门口应付一下就行了。

　　你应该对那些产生最大价值的朋友多投入一些；对产生少量价值或没有价值的朋友少投入一些；对产生负面效果的朋友，应早早远离。

生活幸福的二八法则

你是否觉得自己的生活很幸福？或者在80％的时间里觉得幸福？

如果你想回答这个问题，应该考虑以下几个方面："是否能够完全掌握自己的生活；是否觉得自己所处的环境轻松舒适；是否将所有的事情都安排得井然有序；是否常常忧虑没有钱；是否常常和朋友们聚会……

也许大部分人会对上述问题发出感慨：很多时间浪费在无意义的事情上；付出的努力没有得到相应的回报；无法将劳动所得积蓄下来；人际交往中的感情很淡漠……"

这些不平衡现象都属于二八关系，如果你的生活中出现了这种情形，那就说明你的生活并非很理想。

学会二八法则，你可以少付出，多收获，多享受。另外，我们的生活效率会更高，生活的意义也会更大。

发现生活中的关键因素

也许你曾经有过这样的想法：

因为他的学历高，所以他能取得成绩；

因为他精明能干，所以他能赚钱；

因为我迟到早退，所以他不开心；

因为市场不景气，所以公司的业绩不能上升。

……

大部分人已经习惯用这种传统的思维模式考虑问题，虽然这种方式简单明了，但对世界的描述过于粗糙。现在，二八法则完全打破了这种思维模式。

二八法则认为：没有一成不变的事情，任何事情都不可能只由一个简单的原因所造成。一般来说，一个很小的因素就能让事情改观；平时一些被我们忽视的小细节造成了重大的后果。这些小因素、小细节才是真正关键的原因。

如果我们具有分辨这些关键因素的能力，将其单独提取出来，就能让它发挥更大的作用。如果我们知道问题的症结所在，就能尽量改善生活，得到幸福和快乐。

如果一个很有能力的人在不重要的地方努力，最后肯定得不到很好的效果。二八法则表明：一个人的成功并不取决于他的能力，而在于他知道该在什么地方努力。

成功的人都懂得生活中应该有所选择，应该分清主次，将80%的努力放在20%的重要事务上。所以，他们没有花很多的力气就在重要的目标上取得了成绩。

那些不知道自己目标的人注定要失败，因为他们把精力平均分配在所有事情上，最后被这些低价值的活动捆得放不开手脚。

所以，现在我们应该让自己拥有一个全新的二八法则观念，当我们彻底改变原有的思维方式，就能获得真正的幸福生活。

发现自己内心的需要

很多人失败的原因在于，不知道自己的真正需要，不知道如何在关键问题上努力，将精力浪费在其他低价值的活动上。

本来就狭隘的生活被他们的欲望掩盖了。即使有人从生活中得到了一些有价值的东西，但这也是偶然的。他们虽然靠着幸运之神的眷顾过上了不错的生活，但运气这种东西太渺茫，没有人能把握它。

因此，如果你想把握生活的意义，就必须注重关键的20％。我们发现，不管何时何地，只要明白自身真正的需要，普通助理会变成管理者；管理者变成领导者；穷光蛋脱离贫困；中产阶级变成大富翁；对社会没用的人变成有用的人；有用的人变成重要的人。

制定出自己的目标，不要多于20％，然后将不少于80％的精力投入到实现高价值目标的活动上。打个不恰当的比喻，一个赌桌前的人不需要聪明绝顶，也不需要长命百岁，只要他专注于自己唯一的赢钱的目标，就有可能变成百万富翁。我们知道，那些下决心要实现20％目标的人，一定会找到任何机会去了解事物，最后对其有一个全面的认识，在和20％有关的方面无所不能。因此，没有什么事情能挡住他前进的脚步。

当我们面对生活时，找出影响自己生活幸福的关键，然后全心全意地投入进去，我们会发现，这种投入就像具有某种神奇的魔力，其他的所有事物只能屈服于它的威严之下。所以，我们应该像猎犬一样咬定一个目标，在上面付出最大、最多的努力，美梦就一定会成真。

所以，取得卓越成就的基本条件就是明白自己的真正需求。

我们不难发现，天资聪颖的人往往会失败，其主要原因就是见异思迁，分散了自己的精力。应该记住的是，不管怎样，生活都不会辜负一个在关键目标上努力的人。

你不仅要记住二八法则，而且应该自问："我到底需要什么？"

20 个生命中很重要的人

如果你有兴趣，可以写下 20 个生命中很重要的人，你会发现，他们的重要程度超过 80％。只要你能和他们很好地相处，得到他们很好的对待，你的生活无疑是幸福的。

但是很遗憾，很多人会忽视生命中最重要、最难遇到的人，反而看重一些无关紧要的人和事，将过多的精力、时间、金钱和感情浪费在上面。多年以后蓦然回首，才恍然大悟，自己把最宝贵的时间投入到最无益的事情上，把最宝贵的感情投入到错误的人身上，而此时，后悔已经来不及了。

因此，二八法则反复强调：一定要用全部的精力获得最大的回报，不要将大量时间花费在于成功无益的事情上。也就是说，你应该用100%的精力对待生命中的20%而不是80%，至于那80%，他们并不需要你特别照顾。

这个道理适用于所有的人。但是，这并不表示，你不需要对社会付出爱心，而是希望你明白，哪些关键性的人物能够使你的生活幸福。你不必忧虑别人没人爱，只要考虑自己是否能够爱别人。

快乐永远是短暂的

你不妨回忆一下自己的经历，计算快乐出现的频率和时间，你会发现：它们大多呈现出不平衡，而且类似二八的模式，也就是说，大部分快乐出现在短暂的时间里。这种不平衡关系恰恰说明，我们能够使生活变得更快乐一点。

运用二八法则思考，我们就可以知道不快乐的原因，另外，还能够运用聪明才智改变自身不快乐的态度。因为，生活是愉快的，我们追求的所有目标也是快乐的。

生活中也有一些人快乐的频率和时间分布得相对均匀，似乎不符合二八法则的模式。不过，这些人从整体上说，要比其他人快乐。这也同样印证了二八法则模式，在80%的时间中感觉生活很快乐的人可以称之为乐观的人；在20%的时间中感觉快乐的人就是悲观的人。

事实上，有些人的天性活泼，看上去比别人快乐。研究表明，一个人的个性，是否乐观是由遗传、脑部化学作用和生活中的重大事件等决定的。因此，有的人随随便便将失败原因归罪于外在因素的做法很不可取，它只应验在迷信宿命论的人身上。

我们应该多参与那些使人快乐的活动，减少带来忧伤的活动。只要你能控制这些，也可以成为一个快乐的人！

接下来的主要任务就是用心寻找快乐，而寻找快乐的最佳时机就是——现在。

生活在当下

也许我们有时会有这样的想法，认为生活中的某些时段比其他时段更宝贵，但是，假若我们计算一下投入和产出，那么得到的结果会令人大吃一惊。

运用二八法则思考，就会得到一个结论：人生在世就是享受，就是追求快乐，至于其他成就则是兴趣、快乐和需要带来的副产品。快乐本身就是即时性的，它只存在于现在，过去和未来都无须提及，因此，珍惜生命中的每一天，重视今日的享受是非常重要的。

今天是人类历史上最伟大的一天，因为过去的时代造就了它，这里面包含了过去的种种成就与进步。今日的青年比50年前的青年更幸福，因为他们享受的生活简直不可同日而语。

自从发明了蒸汽电力，人们就从苦役中解放出来了，人们昔日的辛苦换来了今天的舒适和自由。实际上，现代普通老百姓享有的生活，就连100年前的帝王也无法享受到。

但是，现在仍然有人认为生不逢时，发出今不如昔的感叹，他们认为黄金时代属于过去，现代社会的生活糟糕透顶。这种看法简直大错特错！因为，最重要的是重视目前的生活，昨天和未来都微不足道。现代的人们应该和社会保持接触，不应该整日怀念过去或梦想将来，最终浪费了自己的精力。

生命的乐趣只有从今日的生活中去寻找。千万不要为了下个月下一年的打算而轻视眼前的一切；也不要践踏今日脚下的玫瑰花；更不要因为幻想而抛弃原本可以享受的所有幸福。

这些话不是教导人们忘却明天的计划，也不是教导人们不要展望未来，它的意思是，人们不要过分关注将来的事情，过于沉醉明日的梦想，否则，他只能错过今日的快乐、机会和享受。

我们保持快乐的唯一办法就是，抓住每一次能够享受生活的机会——这些享受并非要等到你拥有金钱和地位的时候。

计划一次轻松的出游，购买一件艺术品，修建一座舒适的宅院等等事情，并不是需要金钱和地位才能够实现的。如果你一天天、一年年地推迟这些梦想，不仅会失去生活的乐趣，还会阻碍追求未来的脚步。

很多人常犯的错误是，总是将快乐寄托在明天。他们整天忙于工作，克制自己所有的奢侈行为，放弃每一个可以放松或追求快乐的机会。他们不去看戏剧，不去听音乐会，也不出去郊游，不买渴望已久的书，提不起阅读和欣赏的兴趣。他们总是说，如果自己有了足够的钱，或许可以做一次奢侈的旅行，将来也会享受更多的幸福。于是，他们总是盼望来年自己的境况变得好一些。但是，当第二年来临时，他们发现，自己仍然需要更忍耐、更节约。最后时间一年年过去，直到自己变得麻木不仁。

二八法则推崇享受生活。比如说，当你完成一件事后就会在无形中得到一种享受。其实，这个世界上有很多我们可以享受，但没有享受到的东西。因此，我们应该热爱生活，学会享受。如果每个人都能享受到其中的乐趣，这个世界无疑会变得更加美好！

快乐需要自己去寻找

不论你拥有什么，你是谁，在什么地方，正在做什么事情，决定你快乐与否的因素是：你如何看待快乐，如何控制它。

比如，两个同样地位的人，做着相同的工作，都拥有大致相等的金钱和名望。但是，一个郁郁寡欢，另一个却每天笑口常开。是什么原因呢？其实，仅仅是心理态度不同而已。

二八法则所起到的指导作用，就是激发我们对生活的热情，积极寻求快乐。

当然，我们必须具备非同寻常的见解才能产生这样的热情。见解源于思考，有时也需要搜集大量的信息。

真正的快乐是内心自然的流露，并不是戴着灿烂的笑容面具所能伪装的。一个真正快乐的人总是显得容光焕发。

我们经常听到这样的说法，某某人尽管长得不漂亮，但非常具有"亲和力"，别人都喜欢亲近他；某某人永远板着一张脸，总是一副不快活的样子，大家一看见他就想跑。

快乐需要自己去寻找，没有人会施舍给你。在生活中，每个人都有自己无法解决的难题，谁也没有多余的心思去考虑别人的痛苦。经常发生的事情是，我们自己为难自己，外人则不会在意。

一位父亲发现，儿子每天上学前都愁眉不展，于是他在每天早上进早餐时讲一个笑话，目的就是为了儿子能很开心地背着书包出门。过了几个月，他发现儿子的成绩明显地进步了，于是他更加关注自己对儿子的正面影响，并努力让自己的每一天也过得更快乐。

你可能会问："快乐真的有很多吗？"事实上，快乐无时无刻不存在，办法之一就是保持高度的幽默感。比尔·寇斯比曾说："你能够选择用笑声去淹没所有的痛苦，只要你具有发现幽默的能力，那么所有的困难都能安然度过。"

不知你是否发现，"小"快乐往往比"大"快乐更容易持久，也更让人满足。原因在于，当你感觉非常快乐时，神经感官受到了高度的刺激，无法在短时间内再次激发下一波更强的快乐，这种快乐过后，你会有一种空空荡荡的感觉。但是小快乐和它不同，它们来自窗外的阳光很好、百货公司在打折等等，这些小事物都可以让我们会心地微笑。

俗话说，"相由心生，境由心转。"如果你整天沉溺在悲伤情绪中无法自拔，久而久之，你在别人眼中就是一个眉头紧锁的苦命人；如果你能够随时在生活中获取点点滴滴的快乐，你的眉宇间自然而然就会散发光彩。

只要转变想法和念头，自己去寻找快乐，人生就会变得更加美好。

二八法则要求我们，用最少的努力去控制生活。这种"最少的努力"指的就是你的心理，它是一种乐观的心态。快乐属于你自己，只要你愿意，完全可以随时变换手中的遥控器，调整到快乐频道，然后将心灵视窗定格。

放松身心

二八法则向我们表明了，你可以用20%的时间加倍努力，创造更高的价值；你应该找出最快乐的20%时间，然后努力维持它，甚至尽量设法延长。

那么，我们怎样才能学会在最快乐的20%时间里松弛自己呢？怎样让松弛的时间发挥出最大效能呢？辩证法是个永恒的真理，它总是告诫人们：做事不要走极端、不要太偏执，应该遵循矛盾的两个方面。

尽管每个人都需要工作，但是，如果让工作淹没了我们的生活，那么我们已经犯下了一个无法弥补的错误！因为工作的目的不是为了忙碌，而是要享受真正意义上的生活。如果工作不能让你幸福，你也应该尽力从中体会什么是生活，什么是快乐，什么是松弛。

敞开想象的翅膀，尽情在梦境中翱翔吧！如果你喜欢海滩，喜欢看着一望无际的大海，那么现在就行动吧！当你沐浴在阳光下，望着晴朗的天空，听着浪花的拍岸声，嗅着清新的空气……所有这些，都能带来惬意的感受，你会觉得自己是大自然的一部分。

如果一个海滩美景能够带来心灵的平静和快乐，那么你可以发挥更细致的想象，每一个细节都不要错过。不停地幻想这些情景，直到阳光笼罩着你的身体，沉闷的思想已经一扫而光。这时你会惊奇地发现，这种办法能够帮助自己迅速地找到心灵的平静，快乐的感觉重新回到你的身边，此时你心情轻松，没有任何烦恼和负担。

　　在你的朋友中找出一个真正快乐的人，将他的形象带入你的脑海。再一次集中精力观察他脸上的每个细节：柔和的脸庞，明亮而镇静的双眼，温暖的笑容。并想象他所从事的活动，注意他对待人事的轻松和自信。你一定要在脑海里把他看清楚，这是一部幸福快乐的影片，它能协助你调整自己的心态，从而变成一个轻松、和善的人。

　　这种形象正是你所希望的，在眼前的镜子中如此，在内心深处的镜子中也同样如此。你对自己的样子充满自信，因此加足马力迈向成功的目标。

　　只要你大胆地想象，并坚持不懈地努力，你就会更深刻地体会意念的神奇力量，创造出属于自己的快乐，最终成为一个幸福的人。

面对生活中无法改变的事物

　　精神医生说："人类通常以整体来行动……资料显示，人们在日常生活中的思想和他（她）的生理、心理有着微妙的关系。"也就是说，你可以在某一种程度上选择自己是否快乐，是否健康，因为，你能够改变自己。

二八法则强调我们应将工夫用在关键的 20% 上面，实际上它的范围主要是针对我们能够改变的那一部分。如果有人偏偏试图改变那些无法改变的东西，往往只能使本来简单的东西变得更加复杂，付出的努力最后只能白费。

　　我们"无法改变"的事物大致上分为两类：

　　第一，我们无法改变"别人"，包括他的思想和看法。

　　也许有人认为，我们能改变别人的说法，理所当然也能改变别人的思想。事实上，我们很难直接了解别人的想法，比如一朵花，也许你觉得漂亮，别人可能就会觉得它俗不可耐。

　　第二，我们无法改变"过去"。

　　生活中有很多后悔的人，他们经常发出"如果我当时那么做就好了"的感叹！但是，每个人都知道过去是谁也没法改变的。

　　因此，二八法则主张：尽力改变我们所能改变的 20%。

　　即使你一味地后悔也改变不了过去，像"当时不买那个股票就好了，现在说不定……"这种话毫无意义，对于现在也于事无补。它只能消耗你的时间，让你变得不快乐，影响你的生活质量。

　　如果换个角度思考，从事物积极的一面来考虑，你就会快乐得多，然后在能产生高价值的 20% 上集中精力，反而能够得到更多的收益。这种心理建构才是积极的，那么，你是否应该反省一下自己的思维方式呢？

　　如果你不死心，仍然试图改变那无法改变的 20%，那么你注定只会浪费宝贵的时间和短暂的生命。所以，我们应该在那些能够改变，而且一定要改变的 20% 上多下功夫、多做些努力!

将工作当成一种享受

每个人都听说过很多和成功者有关的故事，从中我们不难发现，他们的共同之处就是，把工作当成一种享受，并擅长从中找出奋斗的乐趣。

二八法则能够告诉你，怎样用20％的时间获取80％的人生乐趣。

生活中的一些人对成功者的经历感慨万分，他们觉得那才是真正的快乐；另一些人由于自己获得了成功，也说当初艰辛的历程是一种快乐。人类在认识客观世界时，本身就具有很强的主观性，正是这种主观性才让我们意识到——什么是快乐？二八法则要求我们不仅要改造客观世界，更要改造自己的主观世界！因为，种种的迹象表明，主观世界才是快乐的源头。

所以，我们只做自己想做或爱做的事情，从喜欢的事情中学习生活和工作的乐趣。

对于自己感兴趣的事，我们一般十分了解，哪怕是那些没必要记住的知识，也会记忆深刻。与此同时，如果仅仅是为了增长知识而强行记忆，不仅没有快乐可言，记忆的效果也不好，至于对这个领域的知识产生兴趣就更谈不上了。

同理可知，对于自己喜欢的东西，了解得越多，兴趣也就越浓；兴趣越浓，了解得也越深。人和人之间正是由于存在着某些不为人知的秘密，才激发了对方浓厚的兴趣。不管是在商业领域还是学习领域，了解越深，就越容易产生兴趣，并从中获得更多快乐。

但是，对于那些长期以来喜欢发牢骚，说辛苦、讨厌、没劲的人来说，他们已经养成了抱怨的习惯，因此不可能在短时间内突然发生变化，变得善于获得快乐。

二八法则培养了我们从工作、生活、学习中获得快乐的必备能力。在同样的环境中，有的人觉得无聊，有的人感到快乐，这说明他们具有的能力不同。由此可见，如果我们能够逐步培养自身的这种快乐能力，人生一定会变得更加精彩！

追求成功的二八法则

在这个世界上，20％的国家占有着80％的财富。同样，那些能够称为"成功者"的人也不过占人群总数的20％。

在这里，成功者的定义是：志向远大的人。他们依靠自己的能力取得成功，并不断驱动其他没有什么远大志向，只想平凡度过此生的80％的人。

当我们说到成功时总会发现，它最终和"自我提高"分不开，因此许多人都产生了错误的想法，认为要成功就必须进行"全方位"的改变。其实并不尽然，所谓"成功"就是因为小差异而产生的巨大差距，并不是一定要付出比别人多10倍的努力才能成功。那么，想成功究竟应该比别人多付出多少呢？

了解二八法则的人应该知道：成功应该在高质量的20％上下功夫，不仅仅在于时间的长短。

成功仅在一步之遥

我们总是认为成功的人与众不同，或者他们的运气非常好。

毫无疑问，他们的能力都很强。不管这些能力是谋取生计的才能，表演才能，还是在某一领域中颇有建树，他们的共同点就是有才华。

但是，他们的才能并没有超出正常人的能力。换句话说，成功者中既有才华出众的人，也有和我们差别不大的人。我们和他们之间只存在着细微的差别，但就是这细微的差别导致了成功或失败的巨大差距。也许这差别就是一点点的努力、一次挑战或者一次尝试。

比如，在人们喜爱的赛马运动中，比赛开始时，马匹的差距只有"一步之遥"。接下来的1公里、2公里……即使到了终点，彼此之间也只有一点"细微的差别"罢了。以此类推，骑手之间也只有一点点差别而已。

正是这样造成了第一名、第二名之分，造成了"打破纪录""名留青史的名马和名骑手"之分。

我们在生活中也能看到许多由这种"细微的差别"形成的现象，成功或失败的原因正在于此，它并非像我们想象中的那般巨大。

发现自己的优势

每一个渴望成功的人都在拼命寻求成功之道。

如果你发现自己至今仍然一无所成，内心觉得羞愧不安，并希望将来能够有所作为。这时不妨看看二八法则，也许你的痛苦会有所减轻。

某些励志书的作者说："成功是99分的努力加上1分的灵感。"其实，事实的真相并不是这样。现在，你应该静静地坐下来思考：你目前取得的成绩中是否有80分只付出了20分的努力？——当然，这个衡量成绩的标准是由你自行决定的。

如果你的回答是肯定的，那么你要认真经营这20%的努力。你是否能利用这20分的努力不断地取得成功？你是否能让自己的成就更上一层楼？你是否感受到了更多的成就感？回想一下你过去获得好评的成就，是否都符合二八法则？

仔细思考二八法则，想出在取得成就的过程中，哪一种方法最适合自己？最愉快的合作伙伴是谁？考虑清楚以后，就不要在那些只产生了少量成就感的事情上浪费时间精力。

对自己做一个正确的评估，找出自身的优势和最容易成功的捷径。看看你是否花20%的时间就能完成一些事情？而同样的事，别人需要80%的时间才能完成。换言之，你花两分时间就能做得比别人花八分时间还要好的事情有哪些？你比别人喜欢的程度多出80%的事情有哪些？你比80%的人优秀的原因在哪里？哪些成就可以同时实现上述两者？二八法则主张寻求自己的优势，并专注于那些可以轻松完成的事情。励志书的作者则宣扬，应该勇于尝试那些你觉得困难的事，但最后只能是屡战屡败。

我们的失败通常来自过去的失败。但是，我们应该学会从现在的失败上站起来走向成功。一旦你从某事上站起来了，就意味着离成功已经不远了。

所以，二八法则说：善于掌握自己的优势，寻求那些你非常喜欢，非常擅长，竞争少的事情。

知道自己要什么才会成功

不管是体力劳动者，还是脑力劳动者，每个人能胜任的工作总是有限的。透彻了解二八法则的人清楚地知道自己最重要的东西，因此，他们从不会在那些没有价值或自己无法胜任的事情上浪费精力。

大多数人失败的原因在于，从来不知道自己最应该做的事情是什么，同时在所有的事情上付出了过多的精力。如果你研究过那些成功者，你会发现，他们的目标都非常明确，并为之付出最大的心思和努力。

你的目标就是那些能够产生高效益的事物，当你把目标对准那些能够产生高效益的事物后，就应该为此付出全部的努力。

目标明确的人知道自己要什么，同时会激发自身的进取心、想象力、热情、自律和全力以赴的精神状态，而这些都是成功的基本条件。目标明确的人还有以下一些优点：

——你的言谈举止更能博得他人的信任，这种信任感会促进对方与你的合作。

——你的行动会变得趋于完美。你在自己最擅长的领域所表现出的领悟力和行为能力会直接影响到你一生的成就。

——你会更懂得抓住机会。如果你发现机会像发现别人的缺点一样迅速，那么你很容易成功。

当你知道自己的需要以后，你就应该把它们写下来。这些能够产生高价值的事物可以提醒你明确实现目标的力量，并及时展现目标存在的缺点。

那些对自己的需求不明确的人永远都不会成功。

倾注精力做好一件事情

二八法则提倡：集中精力做好一件事情，也就是说，做好生命中最重要的事情。一个精通100%领域的人比精通100个领域中1%的人要强得多。所以，拥有一种专门技巧，比那种样样都不精的多面手更容易成功。

我们发现，一个有经验的园丁常常会修剪掉许多能够开花结果的枝条，有时我们甚至觉得非常可惜。但是，为了树木能够迅速生长，为了得到最饱满的果实，他们必须剪掉这些多余的枝条，否则，将来收获时所遭受的损失就是这些枝条的数倍。

他修剪那些快要开放的花蕾，是希望所有的养料都集中在剩下的花蕾上，这些花蕾开放时就会成为珍贵的奇葩。我们做事情和培植花木一样，不要将所有的精力分散到无关紧要的事情上，应该看准最重要的事，然后集中精力埋头苦干，最后一定会给自己带来最大的效益。

如果你的愿望是成为一个众望所归的领袖，或一个才识渊博、无人比拟的人物，或一个在某方面精尖的专家，那么就必须大胆地拿起剪刀，剪掉那些细微平凡、不能产生高价值的想法。即便是这些想法能够产生效益，但是如果需要你付出80%的精力，却只能产生20%甚至更少的收益，就要当机立断、忍痛牺牲。

世界上成千上万的失败者并非没有才干，只不过他们杂乱无章的念头太多，而且没有及时清除，这些东西势必会束缚他们的发展。如果他们消除了那些七零八碎的欲望，然后专注于20%的关键事物，就一定会大有收获。

二八法则提醒我们，一个人不可能从事所有的事情，如果他事事都想"知道一点"，结果只能是一事无成。

从失败中吸取教训

在前面的论述中，我们主要关注的都是如何积极发展20%。但是，有时转换一下思维对我们也很有好处。现在，我们来考虑一下该如何捕捉这20%。

首先，你在思考积极的20%的同时，也要思考消极的20%。

你应该有这样的想法：

——这么做我可能会失败；

——如果将精力投入20%，事情是否无法顺利进行。

在这个世界上，讲述如何获得成功方法的人很多，但是，很少有人讲述导致失败的方法。事实上，如果你这么做就一定会失败。比如：

——做事没有轻重缓急，随心所欲；

——对待客户态度粗鲁，缺乏"客户就是上帝"的观念；

——和要求索赔的客户发生不愉快。

如果我们将这些失败的情况考虑清楚，然后反其道而行之，就能明白成功的方法。

——做事有主次，不能任性；

——用亲切和蔼的态度对待客户；

——用心平气和的态度对待要求索赔的客户。

这样一来，获取成功的行动就变得很具体了。

只要我们关注主要的 20%，就能够避免 80% 的失败，这个道理我们已经通过二八法则验证了。也就是说，即便是我们觉得非常正常的事情，也要随时抱着怀疑的态度询问自己："我这样做对吗？"

如果我们能够打破常规，充分运用自己的想象力，时常关注一下消极的 20%，意料之外的成功机遇就会由此产生。

成功者的追求

孔子曾说："知之为知之，知之者，不如好之者；好之者，不如乐之者。"这句话的意思是，学会在努力的同时获得乐趣。从工作中能够获得娱乐的人，我们通常不认为是刻苦努力的人。但是，在现代社会，这种寓娱乐于工作中的人同样能够取得成功。

要做到这一点，首先应该对努力的对象产生好感。不管什么事情，只有喜欢了才能做得更好。因此，想在工作中取得好的成果，就应该像发展兴趣爱好一样对待工作。

很多人只想着开心地赚钱，往往忘记了需要付出努力，这种想法无疑也是错误的。不要忘记，即使工作像娱乐一样有趣，也需要真正地付出才能得到成功。

尽管二八法则认为，成功不一定需要像从前那样付出许多努力，另一方面，也可以用游戏的态度对待工作，从中寻求乐趣。但是，这并非表示，成功不需要努力就可以获得。

很多投资成功的人一直都在孜孜不倦地努力，如果我们仅仅看到他们的成绩，就永远不会知道成功的本质。

一个对自身的专业缺乏认识的人不会成功，因为缺乏这种意识的人无论如何称不上专业水准。不管哪一个成功者都不是天生就具有这种才能，意思是说，这种才能也是通过努力才取得的。

另外，虽然千里马可以日行千里，但普通的马一直坚持也能到达，这也是"积少成多"的道理。只有孜孜不倦地从小事做起，最后才能通往事业成功的道路。

在现有基础上再努力 20％

每个成功者的共性是：不断进取，不断追求，努力将事情做到完美。现在，我们试着用二八法则来分析不断进取、不断追求的意义。

也许你认为，不断进取和追求是斗争的力量。但我们强调的是"剩下的20%"。

成功方法里面有很多养成某种习惯的说法，但是要养成一种习惯需要在自然而然的过程中形成，它是勉强不来的。

如果你是一名业务员，那么从现在开始，试着将以前和客户通信的数量从每周100封增加到120封。如果你是政治家，就试着将握手的目标从1000个人再扩大20%，以1200人作为行动目标。当然，这里列举的数字只是一种假设，具体数目需要你在实际行动的过程中来决定。

现在，我们介绍有利于行动的三种有效方法：

——像读课文一样说出"增加20%"，只要有时间，就要这么做。语言能够改变人生。

——将"增加20%"写在纸上，并贴在墙上醒目的地方。另外，在自己的便签、记事本上也要写，便于随时凝神观看。我们通过视觉获取的信息量超过总数的80%。通过这种不断重复地摄取视觉信息，"增加20%"就会逐步深入你的内心。

——想象"增加20%"以后，自己能得到的快乐。体育界有一种"思维训练"，它就是通过想象力得到无穷精神力量的方法。因此，你不妨大胆地想象一下快乐的场面。我们应注意在生活中形成"增加20%"的意识，因为，我们的很多日常行为和活动都是由心理意识左右的，那些看上去无意识的举动，其实是内心深处某种潜意识的反应。

二八时间管理法则

忙碌的人们总是觉得时间不够用，但从来都不去考虑如何使用时间，往往沉溺于探讨时间太少或太多这个问题，他们也很少注意到自己在不同时间里所取得的成绩——这正是人们对待时间和认识时间的方式出了问题。

如果我们开始关注时间的运用，并对相关的情况做一次仔细的分析，就会发现一些非常奇妙的现象，这些现象与二八法则正好吻合：

人们80%的快乐，来自生命中20%的时间；

一个人80%的成就，都是在他自己20%的时间里达成的；

最有效率的20%时间，创造出了80%的价值。

……

反过来说就是：

人们一生中另外80%的时间，只有20%的快乐；

一个人剩余的80%时间，只创造了20%的成果；

缺乏效率的 80% 工作时间，只产生了 20% 的价值。

……

只要我们认真去观察，可以看到很多时间分配与所得成就之间的不平衡现象，而这些现象都可以印证二八法则。

事实上也是如此，整天忙忙碌碌的人们不知道如何管理时间，他们总是亦步亦趋地瞎忙，他们总是把 80% 的时间花在不重要的活动上面。

因此，我们对待时间的态度必须改变，而一场时间管理的革命也势在必行！

从忙乱中摆脱出来

为了更有效地完成自己的日常工作与生活计划，我们必须先把时间管理做好。

一定会有人好奇地发问："时间是不可控制的，它正在一分一秒地溜走，怎么可能管理时间呢？"确实如此，时间的流逝是不由人控制的，没有人能"控制"时间，人们真正所能控制的其实是自己，也就是自己管理时间的方法。这里所说的时间管理，就是让你能够发现产生快乐的 20% 的时间、创造最高价值的 20% 的时间，并使这些时间逐步增加。

平时经常会有很多人抱怨"最近很忙""我几乎没有时间用来娱乐"，或者是"我已经好些年没有去过电影院了"。我们可以发现抱怨的人犯的一个最大的毛病就是：他们太强调"自己"的重要性，理所当然地认为"自己"是不可取代的。我们中间的很多人都有这种毛病，其实在很多时候，并不是没有时间，而是人们不懂得如何管理时间。有些人总是口口声声地说"等我有时间的时候""等我有空的时候"……结果怎样呢？他可能一辈子也等不到空闲的时间，他可能一辈子都没有真正地享受到生命。

二八法则提供给我们如何去管理时间的一种思考模式：控制时间是不可能的，绝对没有什么秘诀或大师可以教会人控制时间，人们真正需要控制的其实只是自己。那些口里经常喊"忙"的人，其实就是不懂得管理时间的人，他们只有跟在时间的屁股后面瞎跑，不会做自己的主人。

另外还有很多人希望自己能够面面俱到，他们就拼命地把过多的责任加在自己身上，结果往往发现自己能力不足，从而产生强烈的挫折感。

会管理时间的人永远不会喊忙，他的生活方向自己心里非常清楚，他们知道自己该在什么时间做什么事情。

管理自我是管理时间的前提。人们应该找到自己在哪些事情上浪费了太多的时间，创造的价值却微乎其微。

遵循二八法则，人们首先应该明确态度，再排定先后顺序，制定出远期和近期目标，这些是时间管理的重要步骤。按照二八法则，拟定好人生方向，确定每天、每月、每年的行事日程，然后努力遵守。比如说，你通过观察发现自己一天精力最旺盛的时间段是在上午，那么你就把最重要的事安排在上午处理；而在一天中精力最差的时间段，你就可以去做些无关紧要的事。

什么是有效的时间管理？有句话说得非常好："有效的时间管理，就是一种追求改变和学习的过程。"时间对于每个人都是公平的，一个人的一天永远只有 24 个小时，有的人可以过得很从容，有的人却常常把自己弄得凌乱不堪。"没有时间"是个蹩脚的借口，有没有时间都是你自己选择的结果。

我们不可能把所有的事情都一个人做完，一个人要学会调整自己，要懂得有所拒绝。有些事情是不是值得为它去拼命，如果不值得，那么就干脆放掉它，去做其他更重要的事情。万一遇到自己能力范围之外的事，那就集思广益，找别人一起对付它。

如果你把时间安排得很好，你就可以去很从容地听音乐会、看电影，做一些自己想做的事等等。

因此，时间管理的一个首要原则就是：学会对每一件事的尊重，包括对休闲娱乐的尊重。人们的心情是可以自己创造的，时间也是可以自己掌握的，能把时间管理好的人，永远不会喊"忙"，因为他知道自己想要的是生命中80%的快乐。

珍惜闲暇

人生苦短，我们需要珍惜、把握的宝贵时间中也有"重点"所在。

如何灵活地管理自己的时间呢？有人会专门做出安排，减少无谓的浪费，他们会紧紧抓住上下班的时间，甚至连坐电车的时间都灵活利用了起来。

不过，如果人们真正想节约时间的话，仅仅靠那一点点挤出来的上下班时间是远远不够的。我们应该要把每一周的时间统一规划，从整体方面进行考虑。我们更应该学会利用周末及节假日的时间，和平常的工作日相比，在这些时间里我们能用较少的劳动取得较多的成果。

有人曾做过一个调查，总结出了百年来活跃于世界实业界人士成功的关键，那就是他们几乎都善于利用闲暇时间去不断地学习。

闲暇时间指的是什么呢？通常来说，所谓的闲暇时间就是可以供我们自由支配的时间，也就是人们常说的业余时间。从严格意义上说，真正的闲暇时间应该是排除了用于工作、家务、饮食等事务性的时间，也就算完全由个人支配的时间。

闲暇时间一个非常显著的特点就是"自由"。一般来说，工作时间是不能自由支配的，工作时间的流向通常都是基本确定的，它具有一定的稳定性和限制性。例如，在工作时间里，务工的不能从医，从医的也不能务工。然而，闲暇时间却截然不同，可供支配性非常的大，人们完全可以凭自己的兴趣选择做什么、不做什么。

在可以自由支配的闲暇时间中，人们为了满足自己的需要，可以选择去大量从事自己喜欢的有价值、有意义的活动。

要善于利用闲暇时间，首先要确立闲暇时间就是一笔宝贵财富的观念。法国著名的未来学家贝尔特朗·德·古维涅里曾经提出这样的观点：在未来社会中，人们感到最重要的不是能够买到一切的金钱，也不是层出不穷的商品，而是业余时间——正是业余时间给了人们继续学习文化知识的机会。

我们可以这样算一下，对于正在工作和学习的人来说，在一天里，闲暇时间几乎等同于工作时间。但是从一生来看，闲暇时间几乎四倍于工作时间。因此，闲暇时间是有志向者实现志向的大好时光，是创业者艰苦创业的黄金时段。

闲暇时间是宝贵而惊人的。据一所商业调查中心的调查报告：一个70岁的西方人，一生用来工作的时间是16年，用来睡眠的时间是19年，剩下的时间就是闲暇时间，足足有35年，相当于生命的一半！

因此，我们所说的时间管理，主要就是对闲暇时间的管理。

时间管理革命

其实，时间管理革命的实质就是思想的革命，它要求人们对时间的使用方式重新做出调整和分配。它是按照二八法则，对以前时间的付出与回报做一个全面的、理性的分析，找出以前使用时间的误区，让自己从忙碌中解放出来，使自己能够在20%的时间里创造出80%的价值和成就，在20%的时间里带给自己80%的快乐。

每个人现在都应该进行一场时间革命。在还没有接触二八法则之前，我们对时间的运用有很多的盲点。毋庸置疑，对于所有饱受时间问题困扰的人来说，时间革命是一种让人们能在最短的时间内获得最高的生活效率与生活质量的方法。

原来二八法则和时间管理之间，还存在着这样妙不可言的关系。既然我们已经知道了其中的奥秘，我们就必须用自己的经验去检验、去证实。

我们的生活中，一小部分时间往往比其余的大多数时间更有价值；我们所从事的活动中，一小部分的活动往往产生绝大部分的价值。

对于以上两种不平衡，我们的前辈们似乎从未察觉。

当然，让你获得成功的 20% 的时间，不一定完全就是让你快乐的 20% 的时间，所以你首先要学会区分，必须明白自己的目标，究竟是想获得成就还是想得到快乐？

如果你想得到快乐，你首先要认清楚那些曾经带给你许多快乐时光的日子。一般来说，快乐的日子绝对不会占据你总时间的 80%，因为对于我们这些平常的人来说，在快乐和不快乐之间，还有很多既非快乐也非不快乐的"一般的日子"。不过，你必须要认清楚使自己不快乐的原因，并观察这些原因到底有哪些共同点。

如果你想获得成功，你首先要确认自己经常有优秀表现的日子，它有可能是一周里的某些天，或者是一个月里的某些天，或是你一生中的某段时期，找到这些之后，你再试着找出它们之间的共同点。

此外，你还应该列出你最停滞不前、工作效率最低的时期。同样的，你还要注意这些时期有没有什么共同性。

当你弄明白自己的"快乐的日子"和"成就时期"分别是什么以后，你就可以了解自己最擅长的是什么、什么事情对自己最好等等。一旦你弄明白是哪些活动带给你 80% 的成就或快乐，那么你的基本目标就应该是锁定目标，多花时间在这些活动上。

不可否认，二八法则与时间的管理和使用之间存在着某种奇妙的关系，它对我们提高办事效率有着非常积极的意义。我们坚信，只要你努力地发现能够给你带来最大效用的 20% 时间，你就一定能够获得一个快乐而成功的人生。

分出事情的轻重缓急

我们先来看一下传统的时间管理法则：机械地将事情分为紧急的、重要的、不紧急也不重要的和既紧急又重要的四类，然后依次做出行动的选择。但是，这种做法没有帮人们区分出哪些事情能带来高额的回报，哪些事情根本没有什么价值。这样，在你辛辛苦苦、按部就班地完成所有事情的同时，你也浪费了许多宝贵的时间。

我们已经知道，80% 的收获来自 20% 的时间，80% 的时间创造了 20% 的成果。看到二八法则的观点，或许很多人都会感到惊慌，甚至沮丧，他们不敢相信在自己 80% 的工作时间所做的事情，竟然才带来少得可怜的 20% 的工作成绩。于是他们急于想从自己的工作时间表里找出那最有价值的 20% 的时间，并努力地想将它扩大到 40%、50% 甚至更大的份额。

但是要想达到这样的目标必须有可行的方法，首先你必须要做的就是重新审视自己的工作时间表。

在你的时间表上记录的密密麻麻的事情中，到底有哪些是有价值的呢？你付出的时间去做一些事情，它们给予你什么回报了吗？你知道哪些事情对你而言非常重要，去做它能得到丰厚的回报？哪些事情又是阻碍你发展和进步的低价值的事情？

如果我们在时间管理方式里加入一点点的经济学观念的话，就会发现仅仅将所有工作罗列出来，再把它们一一完成，这并不是最好的时间管理方法。如果我们还想要获得更大的成绩，而不仅仅是成为一个庸庸碌碌的人，就需要抛开那些低价值的活动，将自己宝贵的时间花在高价值的活动上——那些真正能给我们的生命带来成功和喜悦的事情。

一旦你发现哪些事情是骗走你宝贵时间的低价值的活动，你一定要像清除衣橱里过时、廉价的旧衣服那样，毫不留情地将它们抛弃，不论在别人眼里它们是多么重要、多么紧急，你都要坚持自己的立场，明白"那是低价值的时间浪费"。

我们常常见到的低价值的时间浪费有以下这些情况：

——代替别人而做的事情。比如你的老板让你代替他去参加一个会议，但在这个会议上你既不用发言，也不会获得任何有用的信息，甚至不能结识一些能对你有所帮助的人。

如果按照传统的观点来看，这是老板对你的信任和器重，你一定不能推辞。

但按照二八法则来看，这对你没有任何意义。如果你有空闲去去也无妨，不过等你到了规定时间还交不出报告的时候，老板绝不会认同你拿这件事来为未完成的工作搪塞。

——自己不擅长的事。比如本月员工的工资收入有些变动，许多人拿着工资单来找会计，要求给予解释。

如果按照传统的观点来看，会计有义务给大家解释清楚，因为只有她清楚每个人的税费扣缴情况。

但按照二八法则来看，与其占用大量时间一一接待来咨询的同事，还不如统一发一个电子邮件，说明详细的扣缴规则。

——千篇一律、例行公事的事。比如复印开会所需文件，再分发给所有部门。

如果按照传统的观点来看，明天就要开会了，各个部门必须尽快拿到资料。

但按照二八法则来看，也许这是紧急的事，但你没有必要花费整整两小时去复印几十份资料，你完全可以发封电子邮件，然后让各部门自己去打印。

——别人也不感兴趣的事。比如上司希望你负责每周为同事提供一些有价值的资讯，并公布在布告栏上，但几个月后同事们对此反应平平。

如果按照传统的观点来看，你应该坚持下去，不管你对这事怎么看，毕竟上司认为这样做有意义，或许你做得还不够好。

但按照二八法则来看，没有收效的事再继续下去毫无意义，你应该向你的上司直言不讳地讲明你的观点。

——枯燥乏味的事。比如参加冗长无聊、东拉西扯的会议。

如果按照传统的观点来看，即使会议内容和自己无关也要听下去，这样才显示出你是关心公司动态的。

但按照二八法则来看，你还有很多很多其他紧急的事情要做，如果你实在不能悄悄逃会，那就在会议上开开小差，阅读一些有用的文件。总之，千万不要为这个无聊的会议浪费宝贵的时间。

——未经筛选的电话。比如这个周末上司来了3个电话，其实每次交代的事情都不急，完全可以等周一再处理。

如果按照传统的观点来看，既然上司来电命令马上办理，就只好放弃休息去做。

但按照二八法则来看，你可以使用答录电话或者是手机来电转接功能解除困扰。有很多的工作狂老板会在深夜或假日给下属打工作电话而毫无愧意。

——所花费时间远远超出你的预计，但是还没有完成的事。比如跟谈判过多次都不能签约的难缠客户会面。

如果按照传统的观点来看，既然你之前已经做了大量的工作，那你就应该善始善终地做完它，半途而废太可惜了。

但按照二八法则来看，如果花费时间超过预计时间的一倍以上的话，这个项目的含金量就大打折扣了。你完全有理由放下这根啃不动的鸡肋，否则你耗费的时间和收效将更加难以平衡。

——下属的工作质量难以保障。比如下属提供的项目报告错得一塌糊涂。

如果按照传统的观点来看，帮助下属修改报告是你分内的事，如果时间来得及，你甚至可以自己重写一份。

但按照二八法则来看，请有经验的下属指导他或者是换个能干的下属去完成它。总之，不值得为这类没有回报的事情花费你的宝贵时间。

有哪些事情是真正值得你花费大量的时间和精力去处理的呢？以下一些建议或许对你有所帮助：你一直想做的事；付出 20％，收益却占总收益的 80％ 的事；能大大节约时间的事；可以使品质大大改善的创新；千载难逢、稍纵即逝的事；和亲人的每一次相聚；与男友共度的一个没有电话干扰的周末；在非常疲倦沮丧的时候请假上街逛逛……

总而言之，我们应该将时间用在那些能让自己真正感觉到快乐、成功和满足的事情上，而不是让枯燥、低效的例行公事占据自己的绝大部分时间。

让我们重新给时间下个定义吧！这样做之后，你将会发现，那些高投入、低回报的事情你做得越少，职业的前途就越来越明朗。

节省时间的种种建议

我们常常面临这样的困惑：是谁在掌管着我们能自由支配的时间呢？因为你常常觉得自己的时间是根本不自由的，你发现自己已经被紧紧地束缚在别人的议事日程上，盲目地追随着繁杂的事务，而不考虑它对你是不是有益处。

碰到这种现象你总是很烦恼，为了解决这个问题，你必须管理好自己的生活，也就是说你要管理好你的时间。你要向那些浪费时间的坏习惯挑战。下面就是有关合理利用时间的几点建议：

——切忌购物成癖

日常生活中我们常常发现这样的现象：很多人买东西都上了瘾，有时刚刚买完一批东西，又拎起兜子奔向商店去抢购。每当有这样的冲动，我们应该静下心来问问自己：如果照这样疯狂下去，什么时候才有个尽头？东西买来后，还要擦洗、收藏、上柜等等，结果，不仅花费很多金钱，还要搭进去很多时间和精力。

当然，生活中总是免不了要买东西的。但是把你购物所得到的快乐和所付出的代价相比较，是不是有点得不偿失呢？要知道，并不是我们拥有东西就能使我们快乐，而只有我们喜欢的东西才能给我们带来欢乐。

——切忌犹犹豫豫

一些悬而未决的问题往往会影响你的工作，它会使你在能自由支配的宝贵时间里变得心不在焉。关键并不在于你是否有问题要解决，而在于它们是不是一个月或一年前就已经出现过的问题。如果有些问题长期以来一直没解决，那么请你仔细考虑一下，它们已经消耗了你多少时间和精力？它们是否正是占有了你80%时间，却得到20%收益的那一部分？你至少应该解决一些这类老大难的问题，使自己舒舒服服地生活。

或许你有时拿不定主意，这种时候你其实完全可以缩小选择范围，从而迅速地做出决定，因为果断干脆至少可以在生活的其他方面让你受益匪浅。

——量力而行地帮助别人

你有没有过盲目地帮助别人的情形？有时候我们明明知道自己没时间，而且还有其他非常紧急的事要做，但别人一请求帮忙，我们还是会答应下来。对付这个问题的最好策略就是当时先不要马上答应，隔一小会儿再说："让我考虑考虑吧，然后再给你打电话。"记住，千万不要盲目许诺，从而把你自己的工作弄得一团糟。

——要敢于打断别人的话头

无谓的客套也经常会消耗你的时间。这样的事情肯定让你头痛不已：正跟你谈话的朋友或同事明知道你马上就要去赴一个紧急的约会，眼看你就要迟到了，对方还是没完没了，喋喋不休地讲着。这种时候，你就应该学会客气地打断对方的话："实在是抱歉，我不得不告辞了，我有个非常重要的约会。"虽然这样做可能会使对方扫兴，但如果你如坐针毡地继续听下去，结果可能更糟。我们千万不能把大部分的时间都浪费在一些鸡毛蒜皮的事情上。

——做事要有计划

你所能控制的时间是有限的，在这有限的时间里，你想攻读一个学位、完成一项有意义的工作、参加各种社会活动以及其他更多的事等等，因此精心地制订你的计划是必要的，这是减轻你的负担、节省时间的关键所在。

——安排好一切事情

你肯定为找一样急用的东西而翻箱倒柜吧？不论你住的是高档的别墅，还是简陋的单身公寓，你一定会花费很多时间在找东西上。"物有其位"是一个非常有益的格言，而杂乱无章往往就意味着浪费时间。因此，我们应该安排好一切事情，使一切都井井有条、井然有序。

——要防患于未然

常常有专家建议人们及时更换汽油过滤器，这样就可以避免更换汽车发动机了。虽然维修和保养的时候要花费点时间和金钱，但如果不这样做的话，就意味着你将来还要花更多的时间和金钱。因此，我们生活中的一切都应该精心保养。水管子漏了就赶快找人修，以免到最后还得大动干戈。要好好保护你的牙齿，这样就可以避免日后在牙医候诊室里等得心烦意乱了。

——选择的艺术

根据最近的一项调查，美国的普通家庭平均每天消耗在看电视的时间达到 7 小时，虽然看电视是一种消遣，可以让人们开心解闷，但它同时也耗费了人们大量的时间，而且有些节目是毫无意义的，因此我们必须学会选择的艺术，最好的办法是事先看看电视节目预报，挑选出你最感兴趣的节目，这样就可以替你省下来很多的时间，你可以用来做其他更重要的事情。

按照这些建议去行动吧，当你付出了20％的努力却获得更多回报时，你会欣喜若狂！

重要的事情先做

按照二八法则，不管你面临的事情有多少，你应该永远先做最重要的事情。如此坚持下去，你将会逐渐接近人生的大事。

请把自己认为最重要的事情列出来，并把它摆在第一位，养成这样一个好习惯，你就不会因为一些不重要的事情耽误精力和时间。对于成大事者而言，永远先做最重要的事情，是他们成功的最佳秘诀！

美国伯利恒钢铁公司崛起就是一个绝佳的例子。公司总裁查理斯·舒瓦普以前总是为公司的发展头痛不已，他不知道如何提高自己和全公司的效率，有人建议他去请教效率专家艾维·利。艾维·利声称可以在10分钟内就给舒瓦普一样东西，这东西能把伯利恒钢铁公司的业绩提高50％。

他把一张空白纸递给舒瓦普，并说："请你写下你明天要做的6件最重要的事。"舒瓦普用了5分钟做完。

艾维·利接着说："请把每件事情对于你和你的公司的重要性罗列出来，并把它们按顺序排列。"舒瓦普又花了5分钟做完。

然后艾维·利郑重其事地说："就这样，请你把这张纸放进口袋，明天早上起来，你该做的第一件事是把纸条拿出来，按照上面所列的，先做第一项最重要的，不要让其他的事情来打扰你，只做第一项，全心全意地完成它。然后你采用同样的方式对待第二项、第三项……一直到你下班为止。这样一天下来，即使你只做完了一件事，那也没关系，因为你所做的事是你今天最重要的事情。"

艾维·利最后说："请你务必每一天都照这样去做——您刚才看见了，这样做只占用了你10分钟的时间，但它的价值不可估量。如果你对这种方法的价值深信不疑，那么让你们公司的每个员工也都这样干。这个试验你可以一直进行下去，然后给我寄张支票来，你认为这个建议值多少，就寄给我多少。"

一个月之后，舒瓦普寄去一张2.5万美元的支票给艾维·利，还附上一封信，舒瓦普在信上说，那是他一生中最有价值的一课。

仅仅5年之后，伯利恒钢铁公司这个当年默默无闻的小钢铁厂一跃而成为世界上最大的独立钢铁厂。可以说，艾维·利提出的方法对小钢铁厂的崛起至关重要。

按照平常的习惯，人们总是根据事情的紧迫感来安排先做什么后做什么，而不是根据事情的重要程度来安排事情的先后顺序。其实，这样的做法是被动地迎合事情，而不是主动地去完成事情。想有所成就的人不应该这样工作。

分清轻重缓急，设定优先顺序，这就是二八时间管理法则的精髓。成大事的人都是以分清主次的办法来安排时间，把时间用在最急需、能产生最大效益的地方。

那么面对每天纷繁复杂的事情，我们如何能分清主次、把时间用在最急需、能产生最大效益的地方呢？这里有三个判断标准供你采用：

——你必须要做的事是什么？

这个标准有两层意思：1. 是否必须去做。2. 是否必须由我来做。有些非做不可的事情，但并非是一定要你亲自做的事情，这样的事情可以委派别人去做，而自己只负责督促就可以了。

——做什么事能给你最高回报？

找出能给你最高回报的事情，然后用80％的时间去做它，而用剩余的20％的时间做其他事情。

这里所说的"最高回报"的事情，即是符合"目标要求"的事情或者是自己会比别人干得更好的事情。

最高回报的地方，也就是能产生最大价值的地方。这就要求我们必须从正反两方面看待"勤奋""业精于勤荒于嬉"。勤奋在不同的时代有其不同的内容和要求。过去，人们将"三更灯火五更鸡"的孜孜不倦视为勤奋的标准，但在信息时代，勤奋需要新的定义了，因为快节奏高效率的生活使人常常茫然不知所措。勤奋要找对方向，找对点子（即能得到最高回报的地方），这就是当今时代"勤奋"的显著特点。

由于现在社会只承认有效率的劳动，因此勤奋已经不再是长时间做某件事的代名词，而是在最短的时间内完成最多的目标。

——能给你最大的满足感的是什么？

无论你做什么工作，你都应该把时间分配在令你感到满足和快乐的事情上。只有这样，你的工作才会充满情趣，并能让你一直保持工作的热情。

用以上的三把筛子过滤之后，你所要做的事情的轻重缓急就分得很清楚了。然后，你一定要以重要性优先排序（注意：人们往往有不按重要性的顺序办事的倾向），按这个原则一直坚持去做，你将会发现，再没有其他办法比按重要性办事更能有效利用时间的了。

"把最重要的事情放在最前面去做"，这不仅仅是二八时间管理法则的精髓，更是让你在忙碌生活中保持有条不紊的灵丹妙药。

做时间的主人

如何对时间做出合理的安排、管理？二八法则给我们提供了一个方向。二八法则实际上就是一种奇妙的效率法则，按照它的要求，怎样有利于实现你的既定目标，你就要怎样尽力去做。

当然，我们很多人在日常琐碎的生活中根本感觉不到时间的流逝和宝贵，因而往往也就不知道怎样去珍惜时间、利用时间了。这真是一种无意识的"自我谋杀"——谋杀你自己的事业，谋杀你自己的生命，谋杀一切有意义的东西。

为了摆脱这种困境，我们需要根据二八法则，用它所辐射出来的智慧观照我们的日常行为：我们要分清事情的主次；我们力求找出对事物发展起决定性作用的关键部分和环节；我们要在日常工作中找人来负责一部分事务，而不必事无巨细，都由自己亲自去做；我们应该在自己擅长的事情上追求卓越，而不是要求自己在每件事情上都能独当一面……

无数的事实证明，只要我们按照这样的要求做了，就可以节省很大一部分时间，工作和办事的效率会大大提高，我们会成为时间的主人。

尽管我们非常有必要了解整个任务的每个环节，但是如果每一个环节都要亲自去做，那就是很不明智的举动。最好的办法是我们只负责去做自己最擅长的部分，而其余的工作找另外擅长此事的人来完成。美国总统不会去亲自修理自己的轿车，也不会去亲自修理家中的下水管道。

我们把这些工作都一一分流，交给相关领域的专家们，让他们去做那些自己最擅长的方面，这样，我们就会消除一些麻烦事给我们带来的头痛和沮丧，而且还能把我们从烦琐中解放出来，可以自由地去思考、去做一些更重要的事——那些我们比较擅长的事，那些人们支付很高的酬劳让我们去做的事，那些我们能从中收获无限乐趣的事……

如果你把自己的时间安排在那些能产生最大效益的事情上，并且专心致志地去完成正确的工作，这远比仅仅正确地完成工作更重要，这其中关键在于你所选择的是最适合自己的工作。

"一寸光阴一寸金"，我们的时间是无价的，我们所虚度的每一分钟将消逝得无影无踪，永远不会再来。

我们应该学会放弃一些细枝末节的事情，我们千万不能为了节省几块钱而去耗费大量宝贵的时间。在你决定着手实施一项工作之前，请你先详细地列出一个成本估算表，认真地问问自己，这项工作将占用自己多少时间？完成它以后能为你带来多少相应的回报和效益？

经过这样认真的估算，你就会发现有些事情对你来说并没有太大的益处，不去做它反而会更好一些。

忘掉那些令你不愉快的琐屑小事吧，集中你的精力去完成下一项工作，千万不要为了自己所受到的一些无关紧要的不公正对待和委屈而浪费自己宝贵的时间去相互扯皮。

如果你想获得成功，就必须学会合理高效地运用自己的时间。每天花10分钟的时间来分析自己的日常活动，仔细评估每一项活动的价值和重要性，排除掉那些效益最少的事务，这样做下去，你就会明确自己是如何运用时间的，你便会对一切形势了然于胸，做出合理的安排。

依照二八法则，你把自己的每一天、每一周以及每一个月必须完成的任务按照重要性的大小等级列成一个详尽清晰的表单，然后，你应该先着手去完成其中最重要的任务，把这种方法坚持下去，并将这种办事方式变成自己的习惯，你获得成功就是迟早的事。

神奇的三小时

被人们称为时间管理大师的哈林·史密斯曾经提出过"神奇三小时"的概念，他鼓励人们自觉地早睡早起，每天早上5点起床，这样可以比别人更早地进入新的一天，在时间上就能跑到别人的前面。利用每天早上5～8点的"神奇的三小时"，你可不受任何人和事的干扰做一些自己想做的事。每天早起三小时就是在与时间竞争，你必须讲求恒心，养成早起的习惯，以后你会受益无穷。

仔细研究一下，早睡早起除了哈林·史密斯所提到的"神奇三小时"的好处之外，更有着以下的一些好处：

——已故诺贝尔和平奖得主特里萨修女曾说过，现代生活在都市的人最缺乏的、最渴望的就是"心灵的平静"。而早睡早起，利用早上神奇的三小时想些问题、做些重要工作，这样往往可以捕捉到都市喧嚣忙乱背后的宁静时刻。

——在这段时间里，绝对没有人或电话来骚扰你，你可以全心全意做一些平日可能要花上好几个小时才能完成的工作或事务，并且可以取得很好的成效。

——清晨往往是你精神最集中、思路最清晰、工作效率最高的时候。

——养成早睡早起的习惯，可以使你一天精力充沛、更能增强你的信心，考验你的自律，为你建立一个正面的"自我概念"。

——当然早睡早起并不是苛刻地剥削我们的睡眠时间，正好相反，早睡早起只是将我们的睡眠及起床时间略微调整，而这正是高效率利用时间的要求。

如果我们在晚上10点睡觉、早上5点起床的话，我们的睡眠时间仍然是7个小时。而一般人如果在午夜12点入睡，早上7点起床的话，他们的睡眠时间也同样是7个小时而已。

所以我们在这里提倡早睡早起，运用"神奇的三小时"这一概念，只是非常有策略性地将休息和工作的时间对调了一下，我们将晚上10点至午夜12点这段本是用来看电视、看报纸、娱乐、应酬的时间，用于睡眠；而早上5～8点这段本应用做睡眠的时间，则用来做一些更重要的事情。

我们应该明白生活要怎样度过才会更有意义。二八法则要求我们不仅要按照它的方法论去做事，而且要利用我们每天"神奇三小时"给我们带来最大的收益。

总而言之，我们要做时间的主人，我们应该高效率地支配时间，这样，我们就能真正地掌握自己的命运，并且提高自己的生活和工作质量。

有量更要有质

按照二八法则，我们还要解决另外一个问题。那就是如果以时间为尺度，就不能仅仅停留在"量"上，同时还要认真考虑"质的因素"。

比如说，我们可以用"短期睡眠法"来压缩睡眠时间，这样的话，在量上就可以确保20%。不过，如此得来的宝贵时间如果依然是昏昏沉沉的，这"短期睡眠法"对我们起到的作用又是什么呢？

假设你熟练地掌握了记忆方法，不仅把电话号码本上的号码全都记住了，而且把报纸杂志上三版的报道文章也都记住了，但是这样并没有什么实际的意义。因为这种做法本身并没有给你自己的创新、发展起到实质性的作用，从另一种意义上说，这只不过是时间的一种变相浪费而已。所以，你完全可以省下时间去从事一些有意义的活动或工作。

我们的口号就是不仅在量上，而且要在质上达到20%。即使我们把每周20%的周末和节假日从时间的量上清除掉，但这并没有使我们的生活和工作的质量得到提高，那么这种思维方式和做法仍然是不可取的。

个人习惯培养的二八法则

给心灵补充养分

所谓二八法则，因为它不是数学定理，所以它并不是完全恰好按照 20：80 的比例来发挥作用。这就好比是汽车上的方向盘，在不同时期有它灵活的理解方法，它是某种意义上含义模糊的概念。这是和物理等自然科学法则共通的道理。其实在社会上，现实生活中，不完全符合数字规则的事例很多。

因此，应用含义灵活的二八法则，我将就不属于规定概念，无法量化的"心灵"进行论述。

然而，唯独没有关于"心灵学"理论的数据。因而我在此，仅就"心灵的养分"为题进行论述。若能使人的心灵充实，二八法则就发挥了它的作用。因为人由于心灵所处状态的不同，会引起头脑和身体，也就是思考和行动上的巨大差异。

作为一条"心灵舒畅"的原则，是我们给予心灵养分的关键条件所在。也就是说，通过这种行动使自己心绪安定，若能使自己心情舒畅，这就是心灵的养分。在此列举十条有效方法，希望你能以此找到适合补充自己心灵养分的方法。

1. 听优美的音乐；
2. 欣赏有品位的美术作品；
3. 和朋友交谈；
4. 接近自然；
5. 读好书；
6. 花时间静心思考；
7. 幻想梦想实现；
8. 赞扬他人，被他人赞扬；
9. 生活规律；
10. 充实自己的内心世界。

在此，简单地说明：

首先，高雅艺术，是使我们心灵充实的不可或缺的因素。优美的音乐、绘画等艺术作品，能使我们的心灵充实。

人们通常都是通过与他人交谈，来抚平心灵的创伤，哪怕只有那么一位知心的朋友，都会使我们的心境大为不同。

大自然，可以说是我们的"父母"。我们本是自然的一部分，沉醉于自然怀抱中的那种真切感受，能够使我们的心灵不断成熟。

被称作是东洋哲学大家、历代首相人生楷模的安冈正笃，他把自己的人生观总结为"六中观念"。这一观念中，并不仅仅指的是"读书"，它还包含确立人生信念和处世哲学的含义，他把自己心中有确定的法则支柱称之为"胸中有书"，而且，把人内心的充实称之为"壶中有天"。因为《汉书》中有典故说，有一位做官的人被他人带入壶中看到了另外一番开阔的天地。

不论是个人兴趣还是出于谋生考虑，希望你都能时时提醒充实自己的内心世界。

所谓静心思考，就是指要留给自己时间，一个人独处，把自己从日常烦琐的事务中解脱出来。

而且，在心里描绘梦想实现时的场面，这种行为也能给我们的心灵提供养分。

人在受到表扬之后，能够因受到鼓励而不断努力。因而，你应该花工夫去找那能给予你表扬的人。而且，不忘表扬他人，也能给我们的心灵以养分。

我们常说："人都喜欢听好听的。"于是，当你看到别人高兴的样子，想到使他人感到快乐的人是你，那你就会感到自己比受到表扬的人还要快乐。

正如有所谓"心身"的说法，心灵状态在很大程度上影响着我们的身体状况。因此"生活规律"不仅有利于我们的身体健康，同时也能给我们的心灵以安定感。

时常准备好备选方案

我们假设以二八法则来进行商业运作。例如，我们以分红20％为目标，以保住顾客中20％的老顾客为目标，竞争的方法也各不相同。

然而，在做决定之际我们不能忘记——常常要做好"备选方案"。

例如，曾看到一部电影《生死逃亡》，它所表现的主题是，陨石有可能碰撞地球，人们如何竭力阻止这一灾难发生的故事。其中，让陨石内部核结构爆炸，成为人们考虑到的一个主要方案。当饰演实施 NASA 计划的主要演员询问"还有第二套方案吗？"回答是没有，然而事实上存在着第二套备选方法。若仅仅有一套实施方案，必定会孤注一掷，失败的可能性也更大。

不愿面对现实，是我们进行"积极性思考"的难点所在，我认为这是因为我们常常缺乏备选方案。

如果抱着坚定的信念，"这件事一定能顺利进行"，并在这一信念的支持下采取行动，就是一种积极的方法。然而，如果要从"万一遭遇困境又该怎么办？"这样的思维方式中解脱出来，那么，即使想摆脱现实也没有方法可行。

因而，坚信二八法则来采取行动，就要常常在实际行动中准备好备选方案。这样，即使遇到万一的情况，也能够临阵不慌地应对自如。

而且，若是遇到工程复杂的情况，就有必要采取第三、第四套方案。

接下来，我就将备选方案进行阐述：

那就是我们在事先做好准备之外，在商业动作中也应继续予以考虑的事情。作为备选方案，我们也要在商业运作中转变思维来这样考虑，"如果这一方案不能顺利进行的话，就采取下一个"。"作为下一个方案，它又会产生怎样的效果呢？"

总而言之，要像导弹运行那样采取行动。导弹就是始终瞄准着最终目标，并在运行中不断调整轨迹。

在导弹中存在的这种细微的调整，可以说就是我们工程实施中的备选方案，而且正好是能够起到关键作用的备选方案。然而，一些小变动、挫折、遭遇困境的事情应该说是附带品吧。我们也应该常常针对这些小错误、困境和变动做好准备。

事先准备好备选方案，做进一步的细微调整，考虑应对复杂的变化。如能这样做，就是做到了对二八法则进一步的活用。

建立信用

在生活中，有些因素需要我们在时间上做长远的打算。这不是我们仅仅靠二八法则就能解决的问题。

这就是要建立信用。当然，这也不是一朝一夕就能形成的，还要考虑到对方的因素。

然而，建立信用需要长时间的积累，失去信用却常在一瞬之间。

即使是考虑到"成功"，也不能否认其中存在着"信用"的因素。因而，我们要彻底地做到在心里建立信用。"彻底"的原意是大象把脚伸进大河里，能够清楚地触及河底。只有通过这种坚持到底的做法，我们才能够获得信用。

对于那些随随便便的人，要建立信用却是很难的。

例如，讲师做介绍的时候若无其事地把名字说错；在黑板上写字却找不到笔；观众看不见板书或没有调好麦克风等等，随便敷衍了事的行为很多。

然而，你若"彻底"地做就会收到完全不同的效果。为了使演讲的人能够顺利地立即开讲，就需要在事前对所有的准备工作进行检查。比如让讲师先做一番介绍的排练，思考一番"还有什么地方需要做改动？"当然，这样就不会出现把名字说错的现象。在休息间隙，讲师对拍照的角度等问题都可以在此予以调节。

像这样做事井井有条，"彻底"进行的态度是我们建立个人信用必不可缺的因素。

这些，都不是我们想立即做成就能够达到的。从大的方面来说，这是需要我们不断继承前人"传统"才能做到的，而且它不像"风俗"那样，是从先人那里原封不动传承下来的东西，这是需要我们真正地站在对方的立场上进行考虑的事情。

这一问题上的关键在于，我们常常容易通过二八法则的活用而期待获得即时效应，这时我们就必须引入时间这一度量概念了。在这一时间跨度里，"建立信用"正是我们成功必不可缺的因素。

你大概也有过花费时间，坚持到底来干一件事情的经历吧？你是不是也在期待着获得即时效应？

只有建立信用，才是我们通往成功的正道。

听二知八的能力

常常听人说"听一知十"。从二八法则出发，即使至少要听二，也有必要理解总体的80％。在这一点上，有两点关键因素。

其一，是要具有直观想象全局的能力。例如若是具备不停留于表面能够深入内部的"眼力"，那么小至公司接待处的应答工作，厕所的清扫工作等细小方面的情况可以了如指掌。而且，尽管只看到了全体的20％的那一部分，也能够具有知道那80％的能力。

换句话说，只看到20％就能够想象、预测80％。

其二，仅仅依据现在的20％，就能准确预测未来的80％。如果有人能够做到这一点，一定令人感到惊奇。

这里所说的"知道"，并不仅仅指的是印象，因为大致的印象并不能充分表达它的含义。右脑形成的印象，在左脑把它"语言化"，也就是说必须用语言把它清晰地表达出来。

这时的关键词汇就是所谓"为什么"的问题，若没有这一点，那么有名的选手就不一定能变成名教练，也就是说，即使是在现代社会也要把自己的"基本打法"和"撒手锏"量化出来，但如果不以"言论"或"理论"的形式表达出来，别人还是无法理解的。仅仅"靠身体感观来记忆"，在这个信息时代是行不通的。

所谓对将来的预测，那些智囊团常常可以估计，长期乃至二三十年后，短期则可以近到一两年内。然而众所周知，能够准确估算的事并不多见。由此可见，从20％正确地估计

80％实在是了不起的事情。而且，可以说那80％是不确定，重要性较低的因素。

研究发现，现实生活中的比例有80％是宿命，20％是命运。意思是，早已注定无法改变的是那80％。

例如，对公司职员来说，从工作地点到工资、晋升，这些都是你自身以外早已决定的因素。这就是某种意义上的既定因素，它占据了80％。

但事实上，你能依靠自身力量改变那20％。尤其是，当你的工作、日程等被大概安排后，占半数的宿命因素就会减少。反之，那些不定的"未来会怎样还不可知"的不可预测因素就会增加。

因此，只要知道20％，就有可能知道全体的80％，有可能准确预测将来的80％。

断定是力量的源泉

我们应该试着把二八法则运用到对未来的预测，因为这20％的因素是不确定的，这不确定因素就是我们称之为命运的东西。

所谓"人能按自己所想的那样生活"，是指那些能够灵活掌握不确定的20％，能够主宰自身命运的人。当然，我们也是完全可能做到的。

下面，介绍一种控制20％，并进一步使它往好的方向发展的有效方法。

首先，要明白"言语"的力量，并充分予以运用。

自古以来，就有所谓"说出的话在现实中灵验"的迷信。比如，在考试时一般忌讳"滑""落"这样的词，在结婚仪式上忌讳"切""离"之类的词，因为人们唯恐嘴里说出的不祥之语会在现实中应验。其实，这并不仅仅是"凶兆"，如果我们"自己希望能够这样发展"的事情一旦从嘴里说出来，也意味着自己希望它能变成好事。

　　一名候选人如果在选举中说："如果大家推举我做市长，我可能会在海湾为市民建一座棒球场。"这样一来，他肯定会落选，因为"如果""我想"之类的词语在语言的表现力上都不够坚决。如果他使用的是"必定""绝对""我是""我要做……"之类断定性的话语，就能够给人以强烈的气势，实际的可能性也会因此增大。像前面提到的候选人，就应该说"我一定要力争当选市长，要在海湾建一座棒球场！"

　　这种话在激发自身干劲的同时，也能将热情传递给周围的人，他们也因此变得拥有干劲。

　　因此，即便是对于不确定的因素也要养成习惯，哪怕不能全部实现，也要坚决地说"我一定要做""能完成""一定可以那样"。

　　假如顾客询问"这个商品耐用吗？"售货员若是对自己的商品有自信，就应该果断地说："我向您保证，一定能用到五年以上。"如果他回答："可能没问题，不过万一我也说不准……"这样一来，客人肯定不敢放心购买。要使对方安心，选择哪一种说话方式也是有讲究的。

　　从现在起，你应该尽量避免"我可能……"试着去说"我一定要干""一定会成为……"之类坚决断定的话，另外，长篇累牍会削弱语势，因此说话应尽量短促有力。

抓住 20％的关键力量

如果你能真正抓住事物的本质，那么，即使没有对于事物的总体印象也无妨大碍。当然，如果我们发现并抓住了关键的 20％，以后的情况自然而然地可以预见。

比如，一个朋友对你撒了谎，你就可以推断他大概对其他朋友也撒过谎。即使我们不能得知具体撒谎的次数，但我们能由此推断他是一个经常撒谎的人，至于他究竟说了一百次还是两百次的谎言，我们没有必要去计算。

和他人交流从总体来说也是同样的道理，我们可以从一件小事预见到整个全局。然而，在任何时候轻易下结论都是不可取的。

我们在某一天偶然碰见一个人，他在和你的交谈中表现得心不在焉，心里总想着别的事情，如果你就此断言他是一个"待人冷淡，做事三心二意的人"显然不可取，因为他有可能是原本热情的人。

以二八法则来判断、评价一个人，切不可操之过急。"慎重起见"是关键。

希望你能看到事物的外在表现以及看不见的深层含义，既看得见树干，又看得见树根。这种本领需要靠日常的积累才能形成，随着不断记忆才能掌握。

在我们追寻本质的过程中需要注意几点，因为，如果我们不对自己的想法做大的调整，就很容易被眼前的小事所困扰。

1. 不要只关注眼前利益。

我们应该时常从大局、长远的角度来考虑问题。如果仅仅只顾追逐眼前的利益，就会在不知不觉间误入歧途，进而不听头脑使唤。

2. 眼见为实。

这里并不是指导你不信任他人，而是说，无论何时你都要训练自己做最后的判断，勇于承担所有的责任和义务。

3. 不要轻信流言。

在我们的生活中常常有这样那样的传言，这其中有一些是故意捏造的虚假传闻，目的是动摇对方的地位。如果你对这些传言都一一信以为真，那就无法抓住事物的本质所在。

说到底，就是要相信自己的眼睛和直觉。当然，这些从各路获取的信息或虚假情报对我们来说也是十分重要的。在现代社会，"信息就是力量"一点也不夸张。

因此，我们最重要的日常生活是需要常常自问"关键在哪里？""本质是什么？"

留意关键的信号

正如大病之前都有"预兆"一样，几乎所有事情都有它发生的信号。尽管"突然"的事情依然存在，但它也一定是在我们预料之中的。至少，我们能预料的事情占了20%。但大多数人都是没有发现而错过，直到最后才恍然大悟。

这就和苏联切尔诺贝利核电站的核燃料泄漏事故一样，

很大程度是由人为错误造成的。如果小的错误任其发展不予解决，事态就会陷入困境。

当信号超过了20%，那就成了尽人皆知的事了。如果我们任由事态发展，很可能会贻误时机。我们不能妄下"没有什么意义"的结论，那样只会让事情更糟糕。即使是对于再小的预兆也不能掉以轻心。因为事情的隐患就像树的种子一样，日后发育成形就变成了硕大的果实。或者和火箭运行轨道一样，很小的误差也会造成上百公里的差距。

一位老华侨曾经透露过他赚钱的秘诀，那就是"对于硬币落地的声音也要敏感"。然而大多数人都是不把小钱当回事，白白错过了许多赚取小钱的机会。

据说这位老华侨在孩提时代就从先辈那里学会了这一道理。为了要寻找赚钱的秘诀，华侨的长辈在街上扔了块硬币。硬币落地时发出了声音，然而过路人全然没有发现，都毫不在意地走了过去。其中有一个人随着硬币落地的声音开始寻找，于是老人说，"这一定是个会赚钱的人。"这种行为体现了他对金钱执着追求的决心，另外也是发现商机的表现。

对于不同的人来说，把握事物的方法不同就意味着看待商机的态度也不同。人们熟知的例子是：两位推销员被派往南洋的某个岛屿，负责鞋业销售市场的开发，那里的居民们都是赤脚，根本没有穿鞋的习惯。于是其中一位发电报说："根本没有希望，这里的人都是赤脚。"另一个人却说："大家都赤脚，正是一个潜在的大市场，赶快把鞋送来。"

因此，你能否成功就取决于你是否注意了细微的信号。20%的信号决定着胜负与否。

80％的自我展示和神秘魅力

人和人之间要拉近关系，"向对方展示自我"是一个有效的方法。它需要向别人敞开心扉，把自己的一些信息以及自身感受展示给别人。

一般来说，"自我展示"是能够促进交流的有效方法。

不管是谁，当他向倾听的人"展示自我"时，感觉一定是很亲切的，同时也可以增进彼此间的关系。

当然，如果无论什么都一五一十地展示出来，那就会失去自己对于他人所具有的神秘魅力。那些有魅力的人都懂得隐藏个人的隐私信息，因为这些方面带有神秘性，有助于提高你的神秘魅力。

如果你希望成为一个领导阶层的人，那么你需要向他人展示80％的自己，剩下的20％则不能作为公开信息展示出来。这样，你就给别人留下了神秘感。

男女之间谈恋爱也是一样。与其双方都了解得一清二楚，倒不如彼此保留20％的距离，这样关系更能持久。

一般来说，人们都认为要充分利用大众传媒，多在电视上露面是十分有效的方法。然而，名人要想提高神秘魅力，在现代社会倒不如选择"不要在电视上露面"。尽管在电视上露面后会感到"有许多人知道我"，但对于保持神秘魅力来说是有副作用的，"不在电视上露面"也有一定的价值。

展示出80％的自我，剩下的20％不要公开。此外，这种行为也是十分有趣的。